STEFANO MARTEMUCCI

ANALISI DI BILANCIO SEMPLICE

Come Leggere ed Analizzare
un Bilancio Aziendale

Titolo

"ANALISI DI BILANCIO SEMPLICE"

Autore

Stefano Martemucci

Editore

Bruno Editore

Sito internet

http://www.brunoeditore.it

Sommario

...a mio padre

INTRODUZIONE

Questo manuale è stato realizzato con il preciso intento di venire incontro alle esigenze di conoscenza di tutte quelle persone che non hanno alcuna competenza specifica in materia di contabilità e bilancio. Per questo mi sono sforzato di favorire il bisogno di immediatezza e di **facilità di comprensione**, sacrificando il rigore scientifico e dottrinale. Il mio obiettivo è quello di rendere piacevole e semplice una tematica troppo spesso considerata unicamente appannaggio di esperti di settore.

Lo sforzo continuo è stato quello di utilizzare una terminologia semplice, poco tecnica e un linguaggio diretto.

Dopo diversi anni di esperienza nell'insegnamento della materia in ambiente prevalentemente bancario e ancora dopo l'analisi di centinaia di bilanci ogni anno, con l'auspicio di rendere un servizio a coloro che, per le più differenti esigenze, hanno interesse all'argomento, ho realizzato questo testo. Sono certo che anche tu, dopo averlo studiato, sarai in grado di capire a colpo d'occhio se il bilancio di un'azienda è positivo o negativo.

Un altro intendimento costante è stato quello di fornire uno strumento di sintesi, evitandoti di studiare un tomo di 500 pagine, certamente più completo e rigoroso, ma che impegnerebbe troppo del tuo prezioso tempo e che forse potrebbe permetterti di raggiungere solo il risultato di uno sconforto più totale.

Altro elemento importante da non sottovalutare è la possibilità di avere un docente esperto a tua disposizione, che potrai contattare via email all'indirizzo docente@bilancio-semplice.it, ricevendo una sicura e rapida risposta ai tuoi quesiti e chiarimenti, praticamente in tempo reale.

Buona Lettura!

Stefano Martemucci

GIORNO 1:

Perché tutte le aziende fanno il bilancio

I destinatari di questo manuale

… i **risparmiatori** che comprano azioni e che vogliono essere consapevoli di quanto vale l'azienda in cui hanno investito.

… gli **imprenditori** che desiderano capire gli aspetti fondamentali dei propri bilanci.

… gli **studenti** che ritengono di approfondire temi distanti dalla propria preparazione di base.

… i **professionisti** (medici, avvocati, ecc.) che vogliono cogliere gli elementi essenziali della propria contabilità.

… i **dipendenti** che vogliono esaminare l'andamento delle imprese in cui lavorano e capire se è il momento di chiedere un aumento oppure se è il caso di cercarsi un altro datore di lavoro, prima che sia troppo tardi.

… e **tutti i curiosi** di materie nuove e lontane dalle proprie competenze.

Perché si fa il bilancio

La ragione principale per cui si fa un bilancio è semplice: per fare il "punto della situazione". In sostanza si verifica a cadenze periodiche se il patrimonio aziendale, nell'arco di un anno, ha subito una variazione. Si analizzano poi le cause positive e negative, legate alla gestione aziendale, che l'hanno provocata.

Dal bilancio di esercizio, attraverso l'impiego di opportune tecniche di analisi (analisi di bilancio), è possibile trarre informazioni. Esso serve a valutare lo stato di salute dell'azienda dal punto di vista economico e finanziario. Il giudizio sulla situazione economica si traduce nell'accertamento della **capacità dell'impresa di produrre reddito**. Il giudizio sulla situazione finanziaria riguarda l'accertamento della **capacità dell'impresa di fronteggiare** in modo tempestivo ed economico gli **impegni finanziari**.

Nell'economia moderna il bilancio d'esercizio è il perno centrale dell'informativa aziendale.

SEGRETO n. 1: L'esigenza di fare un bilancio nasce dal bisogno di capire se l'azienda guadagna o perde nel corso della sua vita e a quanto ammonta la sua ricchezza.

Una prima e fondamentale distinzione che devi comprendere riguarda la **differenza tra aspetto economico e finanziario**. Quale dei due è il più importante? Qual è la differenza tra i due aspetti? Un semplice esempio ci aiuterà a capire.

Quando la mia azienda acquista una merce a 80 e la vende a 100 ottiene un utile di 20. Il nostro valore 20 è l'**aspetto economico**. Se l'azienda del mio concorrente acquista a 70 e vende a 100 ottiene un utile di 30, quindi il concorrente, dal *punto di vista economico*, fa meglio di me.

Per passare dall'aspetto economico a quello finanziario bisogna considerare l'effettivo incasso delle vendite. Se, proseguendo con l'esempio precedente, la mia azienda incassa i 100 tutti in contanti il 28 dicembre dell'anno considerato, mentre il mio concorrente incassa 30 in contanti il 28 dicembre e i restanti 70 dopo sei mesi (il 30/06 dell'anno successivo), alla chiusura del bilancio (al 31/12) nella mia azienda ci sono in cassa 20 (100 meno gli 80 che ho pagato al mio fornitore), mentre nell'azienda del mio concorrente, non solo non c'è in cassa un centesimo, ma ci sono debiti per 40 (i 70 da pagare al fornitore meno i 30 che ha incassato) e ci sono crediti per 70, che incasserà il 30 giugno dai suoi clienti.

Il valore di 20 che io ho in cassa e il mio concorrente non possiede, mi indica che finanziariamente la mia azienda ha avuto un risultato migliore rispetto a quella concorrente. Questo è **l'aspetto finanziario**.

Nella pratica aziendale, a maggior ragione per le società quotate in Borsa, **l'aspetto finanziario è quello che prevale su quello economico**. Tanto è vero che le aziende che riescono a coniugare bene i due elementi, cioè hanno capacità di produrre utili (aspetto economico) e di incassarli (aspetto finanziario), sono quelle più appetibili in termini di investimento da parte dei fondi comuni, fondi pensioni e investitori istituzionali in genere. Volendo sintetizzare si potrebbe dire che l'aspetto finanziario riguarda la capacità di generare **cash flow** (flusso di cassa).

ASPETTO ECONOMICO

La mia azienda

Acquisto merce 80   Vendita 100

Utile 20 (100-80)

Utile
20 euro

Il mio concorrente

Acquisto merce 70   Vendita 100

Utile 30 (100-70)

Utile
30 euro

ASPETTO FINANZIARIO

La mia azienda

Acquisto merce 80   Vendita 100

Utile 20 (100-80)

USCITE 80   ENTRATE 100

DENARO IN CASSA 20 (100-80)

Denaro in cassa
20 euro

Il mio concorrente

Acquisto merce 70   Vendita 100

Utile 30 (100-70)

USCITE 30   ENTRATE 30

DENARO IN CASSA 0 (30-30)

Denaro in cassa
0 euro

SEGRETO n. 2: La differenza tra aspetto economico e aspetto finanziario è molto rilevante per comprendere fino in fondo quanto è solida e autonoma un'azienda. È importante guadagnare, ma è fondamentale incassare (quindi avere denaro in cassa).

Come fare per un bilancio semplice

Che cos'è il bilancio d'esercizio? Che cosa significano le voci e le cifre elencate nei prospetti di cui è composto? Come può essere ordinato in modo da averne un quadro sintetico? La lettura e l'analisi di un bilancio cominciano solo dopo aver risposto a queste domande.

Ipotizziamo di voler avviare un'attività economica in cui intendiamo fornire un singolo prodotto, certamente dovremo cercare di sapere tre cose:

1. quali investimenti dovremo fare per iniziare;
2. come finanzieremo quest'attività;
3. quanto guadagneremo dall'attività.

Ad esempio abbiamo necessità di un capannone del valore di 500 mila euro, macchinari e attrezzature per 750 mila euro e scorte di materie prime per 200 mila euro (che ci assicurano almeno due mesi di produzione). Abbiamo poi necessità di denaro contante per pagare fornitori e dipendenti in attesa di ricevere i primi pagamenti dai clienti.

Se riepiloghiamo questi dati in un prospetto abbiamo realizzato l'**attivo** del nostro stato patrimoniale.

Attivo

Cassa	50
Scorte di materie prime	200
Impianti e macchinari	750
Immobili	500
Totale attività	1.500

Come possiamo finanziare l'attività? Soltanto in tre maniere. Al momento della nascita la società verserà il capitale sociale per 750 mila euro, per l'acquisto dei macchinari abbiamo ottenuto un mutuo di 700 mila euro, da rimborsare in 10 anni al tasso dell'8%. Per le disponibilità di cassa e il finanziamento delle scorte, una banca ci ha concesso uno scoperto di c/c di 50 mila euro.

Realizziamo il **passivo** del nostro stato patrimoniale.

<u>Passivo</u>

Capitale sociale	750
Debiti v/banche a breve	50
Debiti v/banche a lungo termine	<u>700</u>
Totale passivo	1.500

Adesso concentriamoci sul terzo elemento definito dalle domande iniziali.

Alla fine di ogni mese pagheremo gli stipendi dei dipendenti, periodicamente (ogni tre/quattro mesi) acquisteremo le scorte di materie prime e ogni sei mesi salderemo le rate del mutuo. Per il regolare funzionamento dell'impresa si sosterranno molte spese tra loro diverse: manutenzione degli impianti, corrente elettrica ecc. Alla fine dell'anno si può ipotizzare un conto economico di questo tipo.

<u>Conto economico</u>

Valore della produzione

Ricavi dalle vendite	2.500.000

Costi della produzione

Acquisti di materie prime	1.350.000
Costo del personale	650.000
Oneri diversi di gestione	220.000
TOTALE	**2.220.000**
Differenza tra valore e costi della produzione	280.000
Oneri finanziari	72.000
Utile d'esercizio	208.000

Ovviamente si tratta di una semplificazione, ma ti assicuro che non è molto distante dalla realtà. Mancano ancora alcuni semplici concetti contabili che completano il bilancio (ammortamento, rimanenze di magazzino ecc.) e che verranno affrontati più avanti.

Molti business, anche di rilevante importanza, sono nati, almeno nelle prime fasi delle idee, con stati patrimoniali e conti economici super semplificati, come quelli che vi ho appena mostrato.

Ricordo benissimo un aneddoto che riguarda **un imprenditore** inserito nel **settore dell'edilizia** del quale ho curato la consulenza per diversi anni. Costui, per valutare la convenienza dell'acquisto di un terreno su cui realizzare delle villette al mare, durante la trattativa con il venditore del terreno, con una scusa banale, si prese una pausa durante l'incontro e su una pagina della sua agenda (rigorosamente cartacea: odiava i computer) buttò giù quattro numeri, secondo uno schema non molto dissimile da quello che ti ho indicato nella pagina precedente.

Con l'aiuto del suo **taccuino**, in quel pomeriggio di tiepido sole d'autunno, ha valutato a quale prezzo massimo poteva acquistare il terreno affinché riuscisse a ricavare quello che riteneva potesse essere il suo bel guadagno dall'operazione. In quell'occasione vi assicuro che la mia presenza non ha influito per niente sui suoi lucidi ragionamenti economico-finanziari!!!

SEGRETO n. 3: Tre sono i quesiti a cui rispondere quando si avvia una nuova impresa:

1. quali investimenti dovremo fare per iniziare;

2. come finanzieremo questa attività;

3. quanto guadagneremo dall'attività.

Chi lo fa

Il bilancio viene redatto dagli **amministratori** dell'azienda. Nelle ditte individuali l'amministratore è lo stesso titolare. Nelle società di persone (snc, sas e sapa) l'amministratore è il socio che ha la responsabilità illimitata. Nelle società di capitali (SRL e SPA) è individuato dagli atti societari e si chiama solitamente amministratore unico, amministratore delegato o consiglio di amministrazione (è un organo collegiale composto da più persone). Il Codice Civile (art. 2423) impone agli amministratori il compito di fare il bilancio d'esercizio che si compone di tre elementi:

1. Stato patrimoniale

2. Conto economico

3. Nota integrativa

I primi due hanno natura e derivazione contabile, il terzo assume forma prevalentemente descrittiva (discorsiva). Dal 2006 le società quotate in Borsa hanno l'obbligo di aggiungere a questi un altro documento: il rendiconto finanziario.

SEGRETO n. 4: Gli amministratori sono obbligati dalla legge a fare il bilancio che si compone di tre documenti: stato patrimoniale, conto economico e nota integrativa (art. 2423 c.c.).

A chi si rivolge

Il bilancio si rivolge a tutti i portatori di interessi (*stakeholders*): imprenditore, finanziatori, manager, dipendenti, creditori, fornitori, pubblica amministrazione. Il bilancio rappresenta uno strumento interno utile a determinare il risultato dell'esercizio, un mezzo per calcolare le imposte e uno strumento di tutela dell'interesse pubblico. Esiste sostanzialmente un **interesse pubblico** da tutelare.

Sulle esigenze dell'imprenditore siamo tutti d'accordo, forse meno immediata può essere la percezione della necessità dei clienti dell'azienda (quindi dei suoi debitori) di conoscerne lo stato di salute. Se ci pensate invece può essere fondamentale sapere se l'azienda che mi vende i suoi prodotti è solida ed efficiente, in modo tale da garantire la continuità della fornitura e quindi da non lasciarmi improvvisamente senza i suoi prodotti.

Gli stakeholders dell'impresa

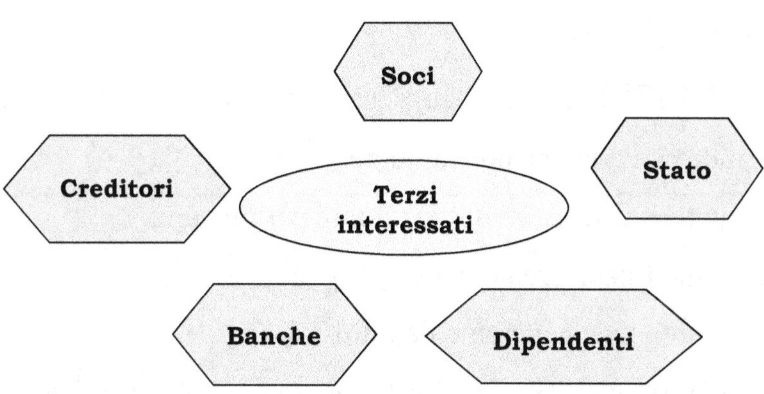

SEGRETO n. 5: Esiste un interesse pubblico da tutelare nel fare il bilancio. Vi sono tanti soggetti che hanno rapporti con l'impresa che hanno necessità di leggere e interpretare il bilancio.

RIEPILOGO DEL GIORNO 1:

- SEGRETO n. 1: L'esigenza di fare un bilancio nasce dal bisogno di capire se l'azienda guadagna o perde nel corso della sua vita e a quanto ammonta la sua ricchezza.

- SEGRETO n. 2: La differenza tra aspetto economico e aspetto finanziario è molto rilevante per comprendere fino in fondo quanto è solida e autonoma un'azienda. È importante guadagnare, ma è fondamentale incassare (quindi avere denaro in cassa).

- **SEGRETO n. 3:** Tre sono i quesiti a cui rispondere quando si avvia una nuova impresa:
    1. quali investimenti dovremo fare per iniziare;
    2. come finanzieremo questa attività;
    3. quanto guadagneremo dall'attività.

- SEGRETO n. 4: Gli amministratori sono obbligati dalla legge a fare il bilancio che si compone di tre documenti: stato patrimoniale, conto economico e nota integrativa (art. 2423 c.c.).

- SEGRETO n. 5: Esiste un interesse pubblico da tutelare nel fare il bilancio. Vi sono tanti soggetti che hanno rapporti con l'impresa che hanno necessità di leggere e interpretare il bilancio.

GIORNO 2:

Quali sono i documenti di bilancio

Stato patrimoniale e conto economico

Lo stato patrimoniale e il conto economico rappresentano due documenti piuttosto importanti, che devi imparare a conoscere. Tra i due esiste una prima fondamentale differenza: lo stato patrimoniale "fotografa" il capitale aziendale alla fine di ogni esercizio, mentre il conto economico è più simile a un "filmato", cioè è un documento dinamico: mostra i costi e i ricavi di tutto un anno, la cui differenza determina l'utile di esercizio. Lo stato patrimoniale accoglie valori patrimoniali e finanziari, il conto economico riceve valori economici, cioè costi e ricavi.

SEGRETO n. 1: Lo stato patrimoniale può essere paragonato a una fotografia, mentre il conto economico a un filmato.

Ovviamente i due documenti sono strettamente correlati, perché sono compilati (ormai esclusivamente da programmi elettronici automatici) con il metodo della **partita doppia**. Cosa sarà mai questa partita doppia?

È un metodo contabile che consiste nel dare sempre due aspetti (due sfaccettature) ad ogni evento aziendale. Ad esempio se acquistiamo 1000 euro di merce da destinare successivamente alla vendita, dobbiamo registrare due aspetti; abbiamo infatti:

1.   **1000 euro** che vanno considerati come **costo** nel conto economico;
2.   **1000 euro** che vanno come **merci in rimanenza** (attivo circolante) nello stato patrimoniale.

Sono due punti di vista della stessa operazione ma che vanno a finire in due documenti diversi (conto economico e stato patrimoniale). Ritorneremo sull'argomento non appena avremo dato uno sguardo generale ai nostri due pilastri.

Lo schema sintetico di stato patrimoniale è il seguente:

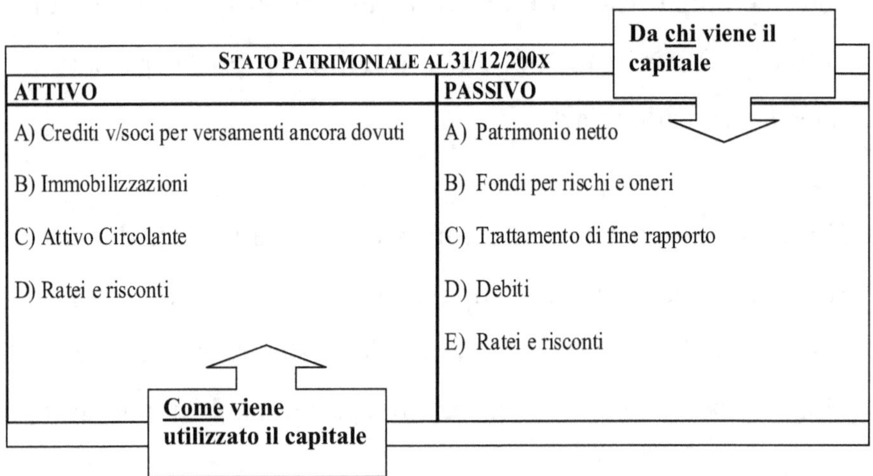

Il significato di questa esposizione dei dati si può cogliere pienamente se consideriamo che sul lato sinistro dello schema (**attivo**) si mostra come viene impiegato il capitale dell'azienda, cioè tutte le sue risorse; mentre sul lato destro (**passivo**) da dove, o meglio da **chi** vengono reperite le risorse stesse, un concetto che può apparire fin troppo banale. Ci permette di focalizzare però a prima vista, cioè se ci soffermiamo solo sulle principali aree dello stato patrimoniale, chi è *realmente* il **padrone** dell'azienda considerata.

L'azienda dovrebbe essere in buona sostanza di chi ci mette più denari. Non sempre il **vero padrone dell'impresa** è il titolare, pensa infatti alle aziende con tanti debiti verso le banche.

Se i debiti verso le banche sono maggiori dei capitali immessi dall'imprenditore, chi è realmente il proprietario dell'impresa? L'imprenditore o la banca? Questa è sicuramente una provocazione, ma aiuta ad acuire il tuo senso critico da provetto analista di bilancio.

SEGRETO n. 2: Controlla sempre chi è il vero padrone dell'impresa che stai esaminando; ricorda che non è sempre il titolare!

Mi piace spesso ricordare una citazione di **Adam Smith** (1723-1790), universalmente riconosciuto come il padre degli economisti. «Se hai un debito di 100 dollari con la tua banca è un tuo problema, se il debito è di 100.000 dollari allora è un problema della tua banca».

Prendendo spunto da questa considerazione è innegabile che per rendersi conto della forza patrimoniale dell'impresa si debba vigilare sulla quantità di debiti, soprattutto bancari, che essa ha. È necessario osservare se i debiti finanziari (cioè verso le banche, ma anche verso le finanziarie) aumentano, sono stabili o diminuiscono.

Più avanti introdurremo il concetto di **Posizione Finanziaria Netta** che esprime sinteticamente e molto bene questa caratteristica da non sottovalutare *mai*. Se sfogli le pagine dei giornali finanziari più diffusi troverai spesso questo grande indicatore, indicativo della dipendenza o dell'indipendenza dell'azienda dal sistema bancario.

Adesso passiamo in rassegna le voci più importanti dell'**attivo** dello stato patrimoniale.

A) *Crediti verso soci per versamenti ancora dovuti*. È la prima voce di bilancio. Quando si costituisce una società non è necessario versare tutto il capitale sociale minimo (10 mila euro per le SRL e 120 mila euro per le SPA), ma soltanto il 25%. Quindi la parte che non è stata versata al momento della prima costituzione è un credito (della società) verso i soci, per i versamenti che saranno eseguiti in futuro.

B) *Immobilizzazioni.* Sono gli investimenti in capannoni, macchinari, computer, telefonini, auto aziendali, insomma: tutto quello che può essere utilizzato in più anni (esercizi). Fanno parte di questa categoria anche eventuali investimenti in titoli di stato, obbligazioni, partecipazioni in altre società; ripeto: tutto quello che può essere utilizzato dall'azienda per diversi anni.

C) *Attivo circolante.* Questi invece sono gli investimenti che generalmente servono all'azienda per un solo anno. Hanno la loro utilità in un esercizio. Sono le materie prime, le merci, il denaro in cassa, il saldo attivo del c/c bancario e vi figurano anche i crediti. Prestate attenzione a questo concetto che è alla base dell'analisi finanziaria, lo esamineremo più avanti: **anche i crediti rappresentano una forma di investimento.**

Pensa ai crediti verso i tuoi clienti: tu hai venduto la merce (che in precedenza hai acquistato e pagato), l'hai consegnata, e fino a quando non incasserai i crediti verso i clienti, non potrai fare affidamento su quelle somme; è come se fossero immobilizzate.

Si tratta dunque di un vero e proprio investimento che si trasformerà in denaro solo quando riceverai il bonifico sul tuo c/c a pagamento della tua vendita.

SEGRETO n. 3: I crediti verso i clienti rappresentano una forma di investimento di cui spesso non si tiene debitamente conto. Anche se è diversa rispetto al tirare fuori i soldi per acquistare un macchinario, finanziariamente ha lo stesso effetto sulle casse dell'impresa.

D)*Ratei e risconti.* Questi sono **artifizi contabili** su cui non è il caso di soffermarsi più di tanto. Non assumono mai valori molto significativi. Sappi che sono una sorta di rimanenze contabili di un esercizio contabile che vengono poi riprese l'anno successivo.

A questo punto analizziamo le voci relative al **passivo** dello stato patrimoniale.

A)*Patrimonio netto.* Si tratta del capitale che ha immesso il titolare (o i soci) dell'azienda, che si incrementa ogni anno con l'utile di esercizio prodotto dalla gestione aziendale. Ovviamente se la gestione è poco attenta si determina una perdita di esercizio che, per analogia, ridurrà dello stesso importo il capitale netto. Nella terminologia aziendale questa voce contabile viene anche detta "capitale di rischio", "capitale netto" o, in inglese, "*equity*".

B) *Fondi per rischi e oneri.* Esprimono presunte uscite future o minori entrate future, cui corrispondono costi o minori ricavi. Ad esempio se ritengo che per il credito di 500 euro verso un mio cliente, per una vendita già fatta, potrò ottenere solo 400 euro, in considerazione dell'andamento negativo di questo cliente, svaluto il credito di 100 euro (aspetto economico, cioè diventa un costo per la mia azienda, o meglio un minor ricavo) e metto, per il principio della partita doppia, questo stesso importo nel Fondo Rischi su Crediti.

C) *Trattamento di fine rapporto.* È il contenitore contabile in cui vanno a finire tutte le retribuzioni differite a favore dei dipendenti, che verranno poi effettivamente pagate solo alla cessazione del rapporto di lavoro.

D) *Debiti.* Sono suddivisi in debiti verso i fornitori per le merci acquistate e non pagate in contanti, debiti verso banche per i finanziamenti, mutui e per gli scoperti di c/c. In questa voce trovano sistemazione anche i debiti tributari, debiti verso l'Inps, altri debiti in genere.

E) *Ratei e risconti passivi.* Come detto per l'attivo, questi sono artifizi contabili su cui non è il caso di soffermarsi più di tanto. Non assumono mai valori molto significativi. Sappiate che sono una sorta di rimanenze contabili di un esercizio contabile che vengono poi riprese l'anno successivo.

Mentre lo schema di **conto economico** in sintesi è:

A) VALORE DELLA PRODUZIONE

B) COSTI DELLA PRODUZIONE

- Materie prime, merci

- Servizi

- Godimento di beni di terzi

- Personale

- Ammortamenti e svalutazioni

- Variazioni delle rimanenze

- Accantonamenti per rischi
- Oneri diversi di gestione

Differenza tra valore e costi della produzione

C) PROVENTI ED ONERI FINANZIARI

D) RETTIFICHE DI VALORE DI ATTIVITÀ FINANZIARIE

- Rivalutazioni e svalutazioni

E) PROVENTI ED ONERI STRAORDINARI

Risultato prima delle imposte

IMPOSTE SUL REDDITO DI ESERCIZIO

UTILE O PERDITA DI ESERCIZIO

Il *valore della produzione* è dato sostanzialmente dalle vendite, cioè dal fatturato. Nei *costi della produzione* sono compresi i costi delle materie prime, delle merci e dei servizi (ad esempio trasporti e consulenze).

Nel *godimento di beni di terzi* vengono inseriti i fitti passivi corrisposti per eventuali capannoni o edifici condotti in locazione, oppure i canoni leasing delle auto aziendali o delle attrezzature e macchinari acquisiti in leasing.

Nel *personale* sono compresi i costi per stipendi e salari, contributi previdenziali e accantonamento per trattamento di fine rapporto. A proposito di quest'ultima voce, per la diavoleria della partita doppia, l'accantonamento annuale a TFR, ad esempio di 28.000 euro per tutti i dipendenti, viene evidenziato nel conto economico in questa sezione e va a confluire, insieme a quanto già accantonato negli anni precedenti (ad esempio 100.000 euro), nel fondo TFR alla voce C del passivo dello Stato Patrimoniale, per un importo totale di 128.000 euro.

Nella voce *ammortamenti* vengono inserite queste particolari quote di costo che servono a distribuire il costo totale di un bene strumentale (macchinario, capannone, auto ecc.) per un periodo di tempo superiore al singolo esercizio.

Prendiamo ad esempio un **macchinario** per la lavorazione di un determinato prodotto venduto dalla nostra azienda, che si ritiene possa essere adoperato per 10 anni: il costo iniziale di 120 mila euro sarà spalmato per 10 quote annuali di 12 mila euro. Nella voce ammortamenti avremo quindi 12 mila euro (e non 120 mila euro), in quanto l'utilità economica del bene, e quindi i conseguenti ricavi che potrà produrre, dovranno essere suddivisi per i 10 esercizi successivi.

Se avessimo imputato tutto il costo al primo anno di entrata in funzione del macchinario o ai primi tre anni, avremmo determinato sicuramente, a parità di altre condizioni, una perdita di esercizio non corretta, ciò a causa del notevole e ingiustificato peso di questi ammortamenti.

SEGRETO n. 4: Come spalmare un costo consistente in più anni d'esercizio? Ricorrendo al concetto di ammortamento di un bene di investimento.

Le *svalutazioni* sono minori valori imputati (ovvero perdite) ad alcune poste dell'attivo circolante, ad esempio della merce in magazzino per un furto subito o per il marciume dovuto ad infiltrazione di acqua per i beni deperibili.

Mentre le *rimanenze finali* di ogni anno vanno inserite nello stato patrimoniale, le variazioni delle rimanenze (cioè quanto aumentano o diminuiscono) vanno appostate in questa sezione del conto economico. Un semplice esempio ti permetterà di comprendere meglio. Se acquisto merce in novembre per 15.000 euro, ma non riesco a venderla per la chiusura dell'esercizio (31 dicembre) e ho pagato l'affitto del magazzino di 3000 euro per due mesi (novembre e dicembre), nel mio conto economico, se non ho altre operazioni, che situazione avrò?

Costi per 15.000 euro (merci), più 3000 euro (affitti); ma nel magazzino ho ancora 15.000 euro di merce, quindi è come se avessi un ricavo potenziale di 15.000 euro che però non ho ancora effettuato… Infatti ho detto potenziale! Pertanto, se le rimanenze finali (15.000 euro) sono maggiori di quelle iniziali (zero), la variazione la posso considerare come un **ricavo**; al contrario, se le rimanenze finali sono inferiori a quelle iniziali, la variazione negativa la imputo come **costo**.

Degli *accantonamenti per rischi* si è già parlato a proposito del Fondo Rischi su Crediti, cioè se ritengo che un credito commerciale debba essere svalutato, in quanto non ho più completa fiducia nella capacità del mio cliente di pagare l'intero mio credito, procedo a svalutarlo di un certo importo. Per il perverso meccanismo della partita doppia, se svaluto di 7000 euro un credito, l'aspetto economico va appostato nel conto economico e l'aspetto patrimoniale va appostato nello stato patrimoniale nel Fondo Rischi su Crediti per 7000 euro.

Quella degli *oneri diversi di gestione* rappresenta una categoria residuale in cui vengono solitamente compresi tutti i costi che non trovano altra collocazione.

Nei *proventi finanziari* vengono inseriti gli interessi attivi corrisposti dalle banche sui saldi attivi dei c/c (molto rari nelle imprese) o anche gli interessi concordati per le dilazioni di vendita concesse ai propri clienti (si pensi ad esempio alle aziende che vendono elettrodomestici a rate).

Gli *oneri finanziari* sono gli interessi passivi pagati sugli scoperti di c/c presso le banche o sui mutui.

SEGRETO n. 5: Attenzione agli oneri finanziari (cioè agli interessi che l'impresa paga alla propria banca): quando aumentano, anno dopo anno, rappresentano sempre un

segnale su cui fare le dovute riflessioni.

Le *rivalutazioni* e le *svalutazioni* sono le rettifiche positive o negative fatte esclusivamente sulle attività finanziarie (titoli in portafoglio, partecipazioni in altre aziende) sulla base di elementi precisi, ad esempio il perdurare di quotazioni molto basse per un titolo acquistato originariamente a un prezzo di carico sensibilmente più elevato.

Infine abbiamo la parte straordinaria del conto economico con i *proventi* e *oneri straordinari*, che si riferiscono a situazioni eccezionali che possono capitare nel corso dell'esercizio, come ad esempio la vendita di un'unità immobiliare non più utilizzata per l'attività dell'impresa a un prezzo più elevato rispetto al costo iniziale. Tale differenza in più costituisce un provento straordinario.

L'ultima voce (*imposte*) prima del risultato di esercizio non necessita di alcun commento: è la parte più odiata da ogni imprenditore!

La nota integrativa e la relazione sulla gestione

La **nota integrativa** ha esclusivamente carattere descrittivo, deve rappresentare principalmente i criteri di valutazione delle voci di bilancio e approfondire con i necessari dettagli alcune poste sia dello stato patrimoniale che del conto economico. Infine il bilancio si completa con la **relazione sulla gestione**, in cui gli amministratori devono fornire notizie sull'andamento della gestione e in particolare:

- sulle attività di ricerca e sviluppo;
- sui rapporti con le imprese collegate;
- sui titoli azionari propri detenuti in portafoglio;
- sui fatti di rilievo avvenuti dopo la chiusura del bilancio;
- sulla prevedibile evoluzione della gestione.

Nella pratica quotidiana si osserva che la maggior parte delle relazioni sulla gestione vengono fatte in maniera quasi automatizzata, meccanicistica oserei dire. Essendo obbligatorio il doverle fare, si cerca di dare, al contrario di quello che vorrebbe il buon senso, la minor quantità possibile di informazioni .

Non si rende un buon servizio ai nostri stakeholders (portatori di interessi), non si chiarisce la situazione aziendale, non si accenna ai programmi futuri. Tutto ciò accade più spesso per le piccole società, solo talvolta con le più grandi, molto più sensibili alle esigenze dei terzi.

Il bilancio abbreviato

Viene data la possibilità di depositare il bilancio in forma abbreviata, quindi semplificata, quando una società di capitale non supera determinati valori, individuati puntualmente dall'art.2435 bis del Codice Civile.

La società per due esercizi consecutivi non deve superare:

- Totale attivo: 3 milioni 650 mila euro
- Ricavi: 7,3 milioni di euro
- N. 50 dipendenti

Lo stato patrimoniale comprenderà quindi solo le voci con lettere maiuscole e con numeri romani, imponendo un minor dettaglio; nel conto economico possono essere tra loro raggruppate diverse voci.

La logica è che si vuole semplificare la vita alle entità più piccole. Beninteso, la norma richiamata conferisce solo la possibilità e non sancisce l'obbligo di fare ricorso al bilancio abbreviato; ciò significa che **volendo l'impresa potrebbe comunque presentare un bilancio in forma completa**, ma nella mia esperienza professionale non ho mai visto una società tanto illuminata e sensibile!!!

Abbiamo quindi passato in rassegna tutti i documenti che compongono un bilancio, puntualizzando il significato delle principali voci, ma il passaggio successivo, quello che ci rende possibile iniziare ad esprimere dei giudizi sensati sull'andamento di un azienda, è quello della **analisi di bilancio** a cui dedicheremo tutto il prossimo capitolo.

RIEPILOGO DEL GIORNO 2:

- SEGRETO n. 1: Lo stato patrimoniale può essere paragonato a una fotografia, mentre il conto economico a un filmato.

- SEGRETO n. 2: Controlla sempre chi è il vero padrone dell'impresa che stai esaminando; ricorda che non è sempre il titolare!

- SEGRETO n. 3: I crediti verso i clienti rappresentano una forma di investimento di cui spesso non si tiene debitamente conto. Anche se è diversa rispetto al tirare fuori i soldi per acquistare un macchinario, finanziariamente ha lo stesso effetto sulle casse dell'impresa.

- SEGRETO n. 4: Come spalmare un costo consistente in più anni d'esercizio? Ricorrendo al concetto di ammortamento di un bene di investimento.

- SEGRETO n. 5: Attenzione agli oneri finanziari (cioè agli interessi che l'impresa paga alla propria banca): quando aumentano, anno dopo anno, rappresentano sempre un segnale su cui fare le dovute riflessioni.

GIORNO 3:

Come fare una semplice analisi di bilancio

Analisi di bilancio interna ed esterna

L'analisi di bilancio può essere effettuata prendendo in considerazione due possibilità:

1. Analisi interna all'azienda

2. Analisi esterna

L'analista interno all'impresa (Ufficio amministrazione, Ufficio programmazione e controllo di gestione, professionisti) avrà una mole di informazioni senz'altro maggiore rispetto all'analista esterno. Egli potrà conseguentemente arrivare, nell'analisi dei bilanci e delle relative performance aziendali, fino alla distinzione dettagliata e all'evidenziazione dei comportamenti e delle prestazioni a livello di singole funzioni aziendali e aree strategiche di affari.

L'analista esterno (investitori, banche, agenzie di rating, società di revisione, intermediari finanziari e tu che leggi questo manuale) invece deve necessariamente fare riferimento solo ai dati di bilancio e alle informazioni che possono essere desunte dallo stesso, evitando di procedere mediante l'uso di ipotesi arbitrarie che potrebbero condurre a conclusioni fuorvianti sullo stato di salute e di efficienza dell'impresa. Deve quindi agire in maniera obiettiva.

La mia esperienza di lavoro in banca mi ha portato alla convinzione che tra gli analisti esterni all'azienda, le fonti più attendibili siano proprio le banche e le agenzie di rating. Le **banche** hanno un osservatorio privilegiato in quanto, oltre a valutare i bilanci, hanno informazioni di prima mano sull'andamento finanziario delle imprese: basta guardare l'andamento dei loro rapporti di conto corrente e degli altri affidamenti.

SEGRETO n. 1: Le banche riescono a fare delle analisi esterne molto affidabili.

Le **agenzie di rating**, vantando professionisti molto preparati e metodologie di indagine molto sofisticate e approfondite, tendono ad essere molto obiettive nei loro giudizi. Le **società di revisione,** che vengono pagate dalle stesse imprese per dare giudizi sull'andamento delle stesse aziende, hanno invece qualche piccolo conflitto di interesse. Ecco di seguito rappresentati in modo schematico pregi e difetti delle due tecniche:

	Analisi interna	*Analisi esterna*
Punti di forza	Più precisa e completa Utilizzo data base contabile aziendale	Meno precisa e parziale Utilizzo dati del Bilancio pubblicato
Punti di debol ezza	Falsare il contenuto delle informazioni di bilancio (interno)	Sconta i limiti dell'informativ a di bilancio (esterno)

Molto spesso non c'è possibilità di scelta: o si fa parte di un'azienda e quindi si può accedere ad un'analisi interna, oppure si è in una posizione esterna e appunto per questo ci si deve accontentare di quello che la legge impone all'azienda in termini di informativa, cioè del bilancio d'esercizio (stato patrimoniale, conto economico e nota integrativa).

Si deve inoltre sperare che, avendone le caratteristiche, la società non scelga il bilancio abbreviato, fornendo così minori informazioni e quindi rendendo sempre più arduo il compito di chi, a vario titolo, deve cercare di capire qualcosa in più dal bilancio d'esercizio.

Cerca comunque di vincere la tentazione di affidarti esclusivamente ai giudizi degli esperti che potrai leggere sulla stampa specializzata o sulla miriade di siti internet dedicati ai consigli sulle azioni da comprare. Se segui con impegno e attenzione le indicazioni di questo ebook sarai in grado di dare un **giudizio autonomo** sulla salute dell'azienda, attraverso il suo bilancio e, se lo desideri, anche con la mia assistenza (<u>martemucci@bilancio-semplice.it</u>).

SEGRETO n. 2: Sforzati sempre di dare un giudizio autonomo

sulle imprese esaminate.

Finalità dell'analisi di bilancio

L'analisi di bilancio fornisce la possibilità di fare un confronto nel tempo, un confronto nello spazio, una lettura congiunta degli indici e un'analisi prospettica. Consente di conoscere e interpretare la gestione passata (**funzione retrospettiva**) e di programmare quella futura (**funzione prospettica**). L'analisi di bilancio fornisce indizi e **sintomi** sullo "stato di salute" dell'azienda, dalla cui interpretazione si possono formulare opportune "**terapie**". Storicamente la funzione più adottata è quella retrospettiva, con i dati a consuntivo.

SEGRETO n. 3: L'analisi di bilancio è utile per formulare opportune terapie aziendali.

Negli ultimi tempi sta prendendo piede l'analisi di bilancio prospettica, sia come esigenza di supportare con dati numerici le strategie aziendali (per le imprese più grandi) e sovente in quanto richieste a corredo di pratiche di finanziamenti agevolati dalle istituzioni pubbliche deputate al giudizio e all'erogazione dei differenti contributi.

Lo Stato per dare i soldi alle imprese vuole rendersi conto se queste, seguendo i propri programmi di espansione e sviluppo, saranno in grado di produrre flussi sufficienti a proseguire nel proprio cammino. Questo discorso assume rilevanza fondamentale soprattutto quando si parla di nuove imprese.

Ti assicuro che quando un'impresa, anche piccola, si presenta in banca con una serie di dati di previsione, quindi con un bilancio preventivo, viene guardata con più rispetto e attenzione, viene in sostanza ritenuta certamente più affidabile, perché in questo modo dimostra la capacità di mettersi in discussione e di avere programmi precisi per il futuro. La banca fa affidamento sui **flussi futuri dell'impresa** per la restituzione delle somme prestate!

SEGRETO n. 4: È fondamentale predisporre un'analisi di bilancio prospettica. Prevedere il futuro andamento aziendale è un esercizio teorico di grande utilità.

Principi generali

Affinché si possa riuscire in qualsiasi confronto è necessario seguire alcuni principi generali.

- **Arco temporale di 3-5 anni**: permette di interpretare l'andamento aziendale in relazione ai condizionamenti esterni ed alle strategie di mercato dell'impresa.

- **Uniformità nel tempo** dei principi adottati per la formazione e la riclassificazione dei bilanci.

- **Criterio di riclassificazione** del bilancio in linea con la tipologia di analisi che si vuole effettuare.

- Non esistono **livelli ottimali** predefiniti. I termini di confronto possono essere offerti da:valori del medesimo indicatore nel corso dei passati esercizi.

b)   valori dell'indicatore presso un campione rappresentativo di imprese che svolgono la medesima attività (quoziente di settore).

SEGRETO n. 5: Non esistono livelli ottimali per gli indici di bilancio, ma solo indicazioni di massima.

RIEPILOGO DEL GIORNO 3:

- SEGRETO n. 1: Le banche riescono a fare delle analisi esterne molto affidabili.

- SEGRETO n. 2: Sforzati sempre di dare un giudizio autonomo sulle imprese esaminate.

- SEGRETO n. 3: L'analisi di bilancio è utile per formulare opportune terapie aziendali.

- SEGRETO n. 4: È fondamentale predisporre un'analisi di bilancio prospettica. Prevedere il futuro andamento aziendale è un esercizio teorico di grande utilità.

- SEGRETO n. 5: Non esistono livelli ottimali per gli indici di bilancio, ma solo indicazioni di massima.

GIORNO 4:

Come preparare un bilancio per le analisi

Le fasi dell'analisi di bilancio

Le tre fasi per condurre una corretta analisi di bilancio sono:

1. La preparazione del bilancio per l'analisi (detta riclassificazione).

2. Il calcolo degli indici di bilancio.

3. La lettura e l'interpretazione delle dinamiche economico-finanziarie mediante indici (detti anche *ratios* in inglese) e le relazioni che vi intercorrono

La preparazione del bilancio per la successiva analisi (detta riclassificazione dagli addetti ai lavori) è l'esercizio di aggregazione delle poste dello Stato patrimoniale e del Conto economico in gruppi di voci che consentano:

- la **confrontabilità** di classi di valori omogenee

relativamente a differenti esercizi;

• una **lettura sintetica e significativa** delle poste derivanti dal bilancio civilistico.

Al termine di questa fase si ottiene un significativo accrescimento del **potenziale informativo** dei bilanci. Essa permette il calcolo di una prima categoria di indici: i cosiddetti **indici percentuali.** A fianco dei valori assoluti di bilancio vengono infatti rilevati anche i valori percentuali, ossia i valori contabili espressi in termini percentuali sul fatturato per il Conto Economico e sul capitale investito per lo Stato Patrimoniale.

Valori percentuali => confronto immediato tempo/spazio

SEGRETO n. 1: Le tre fasi dell'analisi sono: riclassificazione, costruzione degli indici, lettura e interpretazione.

Riclassificazione del conto economico

Il conto economico permette di **ottenere informazioni** sulla capacità dell'impresa e delle singole aree di attività che la compongono di generare reddito. Permette di determinare il grado di contribuzione delle **singole aree gestionali** alla generazione o alla distruzione di reddito. Consente inoltre di evidenziare **alcuni risultati intermedi** di particolare rilevanza nell'analisi delle dinamiche economiche d'azienda. Il conto economico viene esposto in maniera da mettere in risalto le diverse aree di gestione.

SEGRETO n. 2: La riclassificazione del conto economico consente di individuare il grado di contribuzione delle singole aree gestionali alla generazione o alla distruzione di reddito.

Anche se vi anticipo che ne incontrerai diversi, nella pagina successiva esaminiamo lo **schema più diffuso** nella letteratura finanziaria.

VENDITE

Risultato della gestione caratteristica
- Reddito operativo -

Risultato della gestione accessoria
- Oneri e proventi accessori -

Risultato della gestione finanziaria
- Oneri e proventi finanziari-

Risultato della gestione straordinaria

Gestione tributaria

UTILE NETTO

Gestione caratteristica o tipica: comprende tutte quelle voci inerenti i processi di acquisizione, trasformazione, vendita dei prodotti e/o dei servizi che caratterizzano l'attività aziendale. Un'azienda commerciale si basa solo su due processi: acquisto e rivendita; mentre un'azienda di servizi eroga i suoi servizi solo dopo aver acquistato i fattori produttivi necessari.

Gestione accessoria o atipica o complementare: ha per oggetto tutte quelle attività svolte con continuità, ma che sono estranee alla gestione tipica dell'azienda. Un esempio possono essere i fitti attivi percepiti per un locale che è estraneo alla nostra attività.

Gestione finanziaria: è rappresentata dai costi (interessi passivi, commissioni bancarie ecc.) e dai ricavi (interessi attivi su dilazioni concesse ai nostri clienti, interessi attivi su vendite rateali ecc.) collegati alla struttura finanziaria e agli investimenti aziendali, ossia dagli oneri e dai proventi di natura finanziaria.

Gestione straordinaria: ha per oggetto quelle operazioni generalmente prive della caratteristica di continuità e che determinano componenti reddituali non attribuibili alle combinazioni produttive dell'esercizio. Il classico esempio che si può fare è quello della dismissione di un impianto o di un automezzo, che dà luogo a una plusvalenza o minusvalenza, a seconda che il prezzo di realizzo sia maggiore o minore del valore contabile del bene ceduto.

Gestione fiscale: riguarda l'insieme dei rapporti che intercorrono tra l'azienda e l'erario.

È bene ripassare e soffermarsi su queste distinzioni prima di andare avanti. Tutte le attività dell'impresa, qualunque origine esse abbiano, sono comunque riconducibili a una di queste aree di gestione. Nel momento in cui riusciamo a scindere i diversi aspetti aziendali allora siamo in grado di capire qualcosa in più.

Lo schema di riclassificazione del conto economico più adottato dagli analisti di bilancio delle maggiori società di consulenza, presente sulle pagine del Sole 24 ore e di Milano Finanza, è il seguente:

Valore della produzione (Vendite)

-Costi dei fattori produttivi esterni (merci e servizi)

= ***Valore Aggiunto***

-Costo del lavoro

= ***Margine Operativo Lordo (EBITDA)***

-Ammortamenti

-Accantonamenti

= ***Risultato Operativo (EBIT)***

+/- Reddito della gestione atipica

+/- Reddito della gestione finanziaria

= ***Risultato della gestione ordinaria***

+/- Risultato della gestione straordinaria

= Reddito lordo

-Imposte sul reddito

= ***Reddito netto***

Un analista esprime il conto economico in percentuale (%), facendo pari a 100 il valore del fatturato. Già da un'attenta lettura di un conto economico espresso in percentuale si possono fare le prime fondamentali valutazioni.

Il **valore aggiunto** misura quanta parte dell'intera produzione è svolta internamente all'azienda (cioè direttamente da essa). Se confrontiamo due imprese dello stesso settore, maggiore è il valore aggiunto (ovviamente in percentuale) dell'una rispetto all'altra, maggiori sono le fasi di produzione interne.

Se ad esempio un produttore di scarpe acquista anche la gomma per produrre le suole che serviranno a realizzarle, mentre un altro concorrente acquista le suole già fatte (magari dalla Cina) per produrre le sue scarpe, il primo produttore (quello che si fa le suole da sé) avrà un maggiore valore aggiunto rispetto all'altro che le compra dalla Cina.

Lo stesso concetto può essere espresso in termini di **integrazione verticale**. Il grado di integrazione verticale di un'azienda misura quanta parte del processo produttivo viene svolto all'interno.

Un'impresa che produce sedie in legno può comprare i singoli componenti già fatti (schienale, piedi, seduta ecc.) e poi li assembla, cioè li mette insieme. In alternativa può comprare direttamente il legno da cui essa stessa realizza e produce i vari componenti (schienale ecc.) e poi li assembla. In quest'ultimo caso l'impresa ha un grado di integrazione verticale più ampio, cioè realizza una notevole parte del processo produttivo della sedia al suo interno.

Maggiore integrazione verticale => maggior valore aggiunto

Proseguendo nell'esame del conto economico, se dal valore aggiunto sottraiamo il costo del personale dipendente (salari, stipendi, oneri sociali e accantonamento al TFR) si giunge al **margine operativo lordo** (in inglese **EBITDA**). Questo è un valore molto importante da considerare (molto citato nei maggiori quotidiani finanziari), poiché contiene una forte componente finanziaria.

Rappresenta, in linea di massima, la differenza tra componenti positivi e negativi di natura monetaria della gestione caratteristica. In quanto tale, a parità di altre condizioni, esso può approssimare il flusso di cassa massimo che l'azienda può produrre dalla sua gestione caratteristica (non temere: ai flussi di cassa ho dedicato un giorno intero al termine del percorso formativo).

In definitiva il margine operativo lordo (**MOL** in italiano ed **EBITDA** in inglese) è un dato di fondamentale importanza anche per altre esigenze. Spesso nella pratica aziendale questo indicatore viene preso come riferimento per attribuire un valore complessivo a un'azienda, cioè il prezzo a cui si potrebbe vendere una determinata azienda potrebbe essere pari, ad esempio, a 10 o 12 volte il MOL dell'ultimo esercizio.

Il **risultato operativo (EBIT)** indica la capacità dell'impresa di fare bene il proprio mestiere, cioè: se produce scarpe, quanto è brava a farlo; se produce surgelati, quanto è brava a fare i surgelati; se si tratta di un albergo, quanto è brava a vendere i suoi servizi alberghieri ecc. Quindi, in conclusione, esprime il reddito prodotto direttamente dall'attività caratteristica aziendale.

Se ad esempio da un anno all'altro il risultato operativo (espressione della gestione caratteristica) migliora, anche se per effetto della gestione straordinaria il reddito netto peggiora, cosa potrebbe significare? Certamente che l'azienda sta migliorando la sua capacità di produrre reddito per la sua attività tipica (ad esempio fabbricazione di calzature), ma a causa di un evento straordinario, ipotizzando delle vendite di macchinari vecchi a prezzi bassissimi con minusvalenze, si determina un peggioramento del risultato netto.

Possiamo quindi presumere per il futuro che se continua il miglioramento della capacità operativa, non intervenendo fatti straordinari, l'azienda produrrà risultati netti migliori.

Per il buon analista, che sa leggere i dati, potrebbe rappresentare un "buon cavallo" su cui puntare!

SEGRETO n. 3: EBITDA (MOL) ed EBIT (risultato operativo) sono i due indicatori che troverai sempre nelle analisi di bilancio, in tutti i quotidiani finanziari e in tutti i report di investimenti in Borsa.

La riclassificazione dello stato patrimoniale

Offre fondamentali riferimenti per l'analisi della struttura finanziaria dell'impresa e della composizione del Capitale Investito. La letteratura è piena di schemi di riclassificazione. Teoricamente non esiste uno schema superiore a un altro, tutto dipende dalle esigenze informative che ci si propone.

Il nostro non pretende di essere un dotto trattato e nemmeno vuole fornire tutte le alternative possibili, per questo motivo vi mostrerò lo schema che secondo la mia esperienza risulta essere il più diffuso nella pratica.

I criteri di riclassificazione da seguire sono:
a) determinazione delle classi di valori;
b) definizione degli schemi di riferimento in cui inserire tali classi.

Le principali voci contabili oggetto della nostra classificazione sono schematicamente:

Lo schema di riclassificazione più diffuso è il seguente:

Stato Patrimoniale riclassificato secondo il criterio di liquidità/esigibilità.

Criterio di classificazione: attitudine (o meno) delle voci a diventare liquide ed esigibili nell'arco dei 12 mesi successivi, cioè:

	Impieghi	**Fonti**
Entro 12 mesi	Attivo circolante	Debiti a breve termine
Oltre 12 mesi	Immobilizzazioni	Debiti a m/l e Capitale netto

• Gli elementi **attivi** sono collocati in aggregati disposti secondo il criterio della crescente liquidità, cioè in relazione alla loro capacità di essere trasformati in denaro più o meno velocemente «senza perdite». Gli elementi **passivi** sono disposti, invece, utilizzando il criterio del crescente grado di esigibilità, ossia in base all'orizzonte temporale entro il quale incombe l'obbligo alla restituzione.

I **vantaggi** che offre sono:

• Permette il *confronto* fra gli impieghi (a breve e a lungo termine) e i finanziamenti (a breve e consolidati).

• Si *adatta* particolarmente all'impiego nelle *analisi* realizzate da società/enti finanziatori (banche, fornitori, società di factoring ecc.) tendenti a valutare la solvibilità a breve e a medio e lungo termine dell'impresa.

<u>IMPIEGHI</u>

Attivo circolante

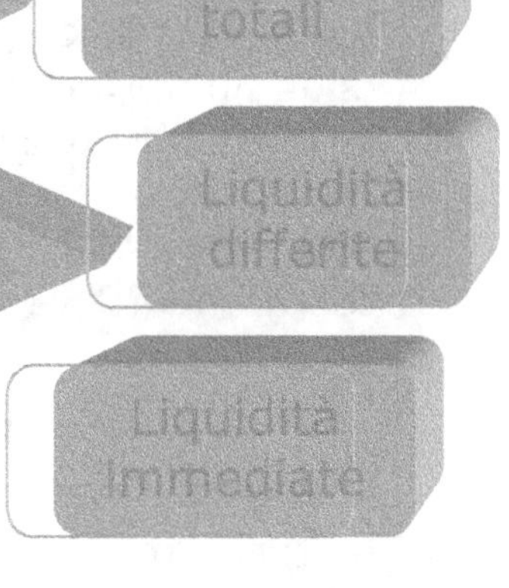

Capitale Immobilizzato

FONTI

Capitale proprio

Capitale sociale
Riserve di capitale
Utile di esercizio
(Azioni in portafoglio)
(Perdita di esercizio)
(Crediti verso soci per versamenti
ancora dovuti)

Capitale di terzi

Debiti commerciali e diversi
con durata > di un anno
mutui, Fondo TFR

Debiti diversi con scadenza
inferiore all'anno
Debiti vs. fornitori, c/c passivi
Fondo imposte
Parte a breve dei debiti a m/l
termine

Stato patrimoniale riclassificato secondo il criterio di liquidità/esigibilità.

Impieghi	Fonti
Immobilizzazioni • Immateriali • Materiali • Finanziarie	Mezzi propri
	Debiti a m/l termine
Attivo circolante (o Attività a breve termine) • Rimanenze totali • Liquidità differite • Liquidità immediate	Debiti a breve termine (o Passività a breve termine)
Totale attivo	*Totale passivo + mezzi propri*

SEGRETO n. 4: Quando si avvia un business si parte dall'attivo e poi si passa al passivo.

SEGRETO n. 5: La riclassificazione dello stato patrimoniale secondo il criterio di liquidità ed esigibilità permette di analizzare la composizione del capitale investito (in sostanza da chi abbiamo preso i soldi e come li abbiamo investiti in azienda).

Per un minimo di completezza espositiva accenniamo a una riclassificazione alternativa a quella adoperata e illustrata finora. Questa non è altrettanto diffusa rispetto alla precedente, anche per la maggiore quantità di informazioni necessarie, non sempre disponibili all'analista esterno.

Si tratta dello Stato Patrimoniale riclassificato secondo il **criterio di pertinenza gestionale**. Le voci attive e passive dello Stato patrimoniale vengono classificate tenendo conto del loro inserimento nelle diverse aree gestionali, vale a dire evidenziando le differenze tra fonti e impieghi:

- relative alle attività operative dell'impresa;
- relative alle attività esterne alla gestione caratteristica.

Abbiamo solamente accennato a questo criterio, ma poiché non è utilizzato di frequente, nemmeno sulla stampa specializzata, non si ritiene necessario approfondirlo ulteriormente.

RIEPILOGO DEL GIORNO 4:

- SEGRETO n. 1: Le tre fasi dell'analisi sono: riclassificazione, costruzione degli indici, lettura e interpretazione.

- SEGRETO n. 2: **La** riclassificazione del conto economico consente di individuare il grado di contribuzione delle singole aree gestionali alla generazione o alla distruzione di reddito.

- SEGRETO n. 3: EBITDA (MOL) ed EBIT (risultato operativo) sono i due indicatori che troverai sempre nelle analisi di bilancio, in tutti i quotidiani finanziari e in tutti i report di investimenti in Borsa.

- SEGRETO n. 4: Quando si avvia un business si parte dall'attivo e poi si passa al passivo.

- SEGRETO n. 5: **La** riclassificazione dello stato patrimoniale secondo il criterio di liquidità ed esigibilità permette di analizzare la composizione del capitale investito (in sostanza da chi abbiamo preso i soldi e come li abbiamo investiti in azienda).

GIORNO 5:

Quali sono gli indici di bilancio più usati

Ci occuperemo della costruzione di indicatori che abbiano al numeratore e al denominatore voci di bilancio contenute nel conto economico e nello stato patrimoniale riclassificato.

Numeratore
Denominatore

I valori assunti dagli indici di bilancio acquistano significato nel momento in cui hanno termini di raffronto. In altre parole solo osservando il loro andamento nel **tempo** e nello **spazio** è possibile esprimere giudizi fondati.

Nel primo caso (andamento nel tempo) tali giudizi riguardano l'andamento della gestione aziendale nel corso degli anni; nel secondo caso (andamento nello spazio) il posizionamento dell'azienda rispetto a quello medio del settore di appartenenza, oppure a quello della migliore azienda del settore o, ancora, rispetto a quello di un'altra azienda prescelta dall'analista in quanto ritenuta un termine di paragone significativo.

Bisogna anche aggiungere che gli **indici di bilancio costituiscono la premessa per eventuali indagini più approfondite**. In altre parole sono sintomi o indizi di fenomeni, per la cui piena comprensione occorre ricorrere a dati più specifici e alla conoscenza dell'azienda e del settore cui la stessa appartiene.

Una **precauzione per l'uso**, proprio come si fa per le medicine!?

Di indici di bilancio ce ne sono per tutti i gusti. Non sto esagerando per niente, è proprio vero. I seri e dotti uomini che hanno familiarità con i numeri e con i bilanci si sono sbizzarriti a inventarsi i più svariati indici di bilancio che misurano sempre gli stessi fenomeni, ma da angolazioni diverse e talvolta con microsfumature differenti.

Vuoi un esempio? Poiché gli indici di bilancio mettono in

relazione due valori – come abbiamo già detto – vengono rappresentati con dei rapporti, cioè delle frazioni. Ad esempio, per indicare la dipendenza di un'azienda da mezzi di terzi (MT) rispetto al totale delle fonti di finanziamento abbiamo diverse possibilità.

La prima possibilità è di considerare questa frazione, dove AT sta per *attivo totale*.	$\dfrac{MT}{AT}$

Altra scelta è quella di fare questa divisione, dove MP indica i *mezzi propri*.	$\dfrac{MT}{MP}$

Ma voglio proprio confonderti le idee prima di cominciare. Ti segnalo anche un'altra possibilità:

Prova a ragionare su questa frazione; è l'inverso di quella precedente.	$\dfrac{MP}{MT}$

Ti risparmio ulteriori declinazioni dello stesso fenomeno. Poiché nello spirito di questo lavoro è vivo il sentimento di facilitare la comprensione del bilancio e non di complicarla, ho scelto di segnalarti solo gli indici che **nella mia esperienza lavorativa** incontro quotidianamente. Sono peraltro gli stessi indicatori che generalmente compaiono nella stampa specializzata. Il rischio naturalmente è quello di tralasciarne tanti altri molto importanti, ma è un rischio che ho scelto consapevolmente di correre per evitare noiosi elenchi che potrebbero avere effetto deleterio.

Gli aspetti della gestione meritevoli di attenzione sono la **redditività** (aspetto economico) e la **liquidità e struttura finanziaria** (aspetto finanziario).

Analisi della redditività

Redditività del capitale proprio (ROE)= Reddito netto/Capitale netto

Questo indice misura il rendimento in percentuale dell'investimento effettuato dall'imprenditore nell'azienda (mezzi propri), in relazione al risultato economico complessivo (reddito netto) realizzato nell'esercizio, per i fatti sia di gestione caratteristica sia di gestione extra-caratteristica. Esprime sinteticamente il grado di economicità della gestione aziendale nel suo complesso.

Se nell'azienda i soci hanno investito 100.000 euro di capitale proprio, avendo ottenuto un reddito netto di 18.000 euro, allora il rendimento del capitale proprio, cioè il **ROE**, sarà del 18% (18.000/100.000 x 100).

Si tenga presente che tale indice:

•   non consente di individuare le cause che hanno determinato il risultato;

•   non permette di individuare le azioni che potrebbero permettere un miglioramento delle prestazioni;

•   consente il confronto con il tasso di rendimento di investimenti alternativi (ad esempio rendimento BTP, CCT ecc.), permettendo di apprezzare l'opportunità dell'investimento di capitale proprio nell'azienda.

Non è un indice molto attendibile, almeno nella pratica. Gli imprenditori, quelli più grandi e quelli più piccoli, fanno di tutto per poter abbattere le imposte da corrispondere allo Stato; in questo momento sto parlando dei mezzi leciti, ovvero di tutti quegli espedienti che la materia fiscale mette a disposizione per **eludere** le tasse.

Eludere le tasse significa adottare tutte le tecniche contabili consentite per ridurre l'importo su cui vengono calcolate le imposte, cioè la base imponibile.

Se immaginiamo questo ragionamento sulla nostra dichiarazione dei redditi, possiamo pensare ad esempio alla spinta che abbiamo a fare i lavori di ristrutturazione in casa nostra, facendoci produrre la fattura dall'impresa che realizza le opere, in quanto sappiamo che possiamo detrarre il 36% degli importi spesi dalle imposte IRPEF da pagare. Siamo indotti a fare i lavori perché, oltre al beneficio di ristrutturare la nostra bella casa, abbiamo un beneficio fiscale. Mettiamo cioè in atto una politica di elusione delle imposte.

Il concetto di **evasione** è molto più intuitivo. Se non dichiariamo un componente di reddito positivo, adottiamo un comportamento omissivo e quindi perseguibile. Lo stesso accade se imputiamo una voce di costo inesistente o falsa.

Pertanto, ritornando al discorso precedente sul ROE, se l'impresa mette in atto tutte le politiche lecite per abbattere il reddito imponibile, cercherà di tenere artificiosamente basso l'utile lordo su cui sarà calcolato l'utile netto che è alla base del nostro indice di bilancio.

Questo concetto nella dottrina dell'analisi aziendale viene espresso dicendo che tale indice di bilancio è generalmente sottostimato. Comunque, ad ogni buon conto, vale sempre la pena di porre l'attenzione sulle variazioni da un anno all'altro (nel tempo) e nell'ambito dello stesso settore economico (nello spazio).

SEGRETO n. 1: Il ROE, molto apprezzato nella teoria economica, nella pratica non è un indice molto attendibile.

> **Redditività del capitale investito (ROI) = Risultato operativo/totale attivo**

Il ROI (indice di redditività del capitale investito) misura il rendimento in percentuale degli investimenti complessivamente effettuati nell'azienda, sia in capitale d'esercizio sia in capitale fisso, in conseguenza del risultato economico realizzato per i fatti di gestione caratteristica. Esprime sinteticamente il grado di economicità della gestione caratteristica, indipendentemente dalle modalità di finanziamento cui l'azienda ha fatto ricorso.

Qual è il ROI che ho realizzato con un risultato operativo, ad esempio di 500.000 euro, investendo 8 milioni di euro nella mia azienda (in macchinari, capannone, impianti, crediti, magazzino ecc.)? Il ROI sarà il 6,25% (500.000/8.000.000 x 100).

Se mi concentro su questo indicatore non mi chiedo se gli 8 milioni di euro investiti (cioè il totale attivo) è costituito per 3 milioni di euro di mezzi propri e per la restante parte, 5 milioni di euro, di capitale di terzi. Semplicemente non mi interessa, perché in questo indice, cioè il ROI, sto valutando la **capacità**

dell'azienda di far bene il proprio mestiere. Anche se gli 8 milioni di euro investiti sono tutti di mezzi propri, il mio ROI sarà sempre del 6,25%.

Ovviamente la differenza c'è, ma non emerge dalla valutazione del ROI. L'indice di redditività del capitale investito (ROI) deve essere almeno uguale al costo medio del denaro (tassi passivi bancari). Solo così infatti le risorse investite in azienda, ma provenienti dall'esterno, produrranno sufficiente redditività per poter pagare gli interessi alle banche.

In caso negativo sarà l'imprenditore a dover coprire la differenza sacrificando i suoi utili e intaccando sempre più il suo patrimonio (capitale netto). Questo concetto dovrebbe essere ben compreso dagli imprenditori che si ostinano a chiedere risorse al sistema bancario, senza porsi qualche dubbio critico.

Il ROI è senza dubbio il **re degli indici di redditività**. Sta in cima ad ogni valutazione, focalizza l'attenzione sulla capacità dell'imprenditore di far bene il proprio mestiere, qualunque esso sia.

Quando una società sceglie di **quotarsi in Borsa**, deve aver rispettato, nei tre anni precedenti, degli ottimi livelli nella maggior parte degli indici di bilancio, ma quello che la rende più appetibile rispetto alle concorrenti è proprio un ROI sopra la media. Questo non può che essere il frutto di un'abilità dell'azienda superiore alla media, difficilmente replicabile nel breve periodo da parte di qualsiasi altro concorrente.

Quando **nella mia attività di ogni giorno** sono alle prese con una valutazione di un'impresa per la concessione di una linea di fido, e la maggior parte degli elementi esaminati non riescono a farmi formulare un giudizio sicuro e sereno sulla sua capacità prospettica di restituire le somme prese a prestito dalla mia banca, **mi concentro sul ROI**.

Se sono di fronte a un ROI che nel corso dell'ultimo triennio è stato superiore alla media del settore di riferimento ed è tendenzialmente crescente, allora l'impresa può essere ritenuta affidabile con più ragionevole attendibilità.

SEGRETO n. 2: Il re di tutti gli indici è il ROI, che illustra quanto è brava un'impresa a fare bene il proprio mestiere.

I prossimi indici di bilancio che esamineremo aiutano e completano l'analisi della redditività, integrando o approfondendo le prime indicazioni che emergono dalla prima indagine.

Costo dell'indebitamento = oneri finanziari/mezzi di terzi

Oltre a considerare quanto rende l'investimento, è necessario verificare quanto costa la scelta di finanziarsi con mezzi di terzi. Tale costo non dovrebbe eccedere la redditività del capitale investito (ROI). Infatti, oltre questo livello, il risultato prodotto dall'azienda non sarebbe in grado di pagare il costo delle risorse stesse.

Redditività delle vendite (ROS)= Reddito operativo/Ricavi

Il ROS misura il margine realizzato dall'azienda sul fatturato, in altre parole il tasso di rendimento delle vendite effettuate.

Esprime la relazione esistente tra ricavi e costi della gestione caratteristica. Il ROS è un indicatore della politica dei margini effettuati.

Incidenza oneri finanziari = oneri finanziari/Reddito operativo

Questo indice misura l'incidenza sul risultato operativo degli oneri derivanti dai debiti finanziari. Esprime la capacità dell'azienda di far fronte, attraverso la sua attività tipica, al servizio dei debiti assunti. Si tratta di una **capacità di medio-lungo periodo**, in quanto il denominatore è espressivo di un flusso di reddito e non di un flusso di cassa.

Incidenza oneri finanziari sul MOL = oneri finanziari/MOL

Questo indice è molto simile al precedente, ma si dimostra **più efficace nel breve periodo**, proprio perché il denominatore esprime un flusso di cassa. Esprime quale parte dei flussi di cassa generati dalla gestione corrente (MOL) servono a coprire gli oneri finanziari di periodo.

L'indice, espresso in percentuale, se assume valori maggiori del 30-35%, colloca l'azienda in un'area di rischiosità. Se il valore ad esempio è del 33%, significa che un terzo dei flussi di cassa generati nel periodo vengono assorbiti dal pagamento del capitale di debito (scoperti di c/c, finanziamenti bancari in genere). Quindi ho lavorato per un terzo dell'esercizio solo per ripagare gli oneri finanziari: l'azienda lavora per sé o per pagare il costo del capitale preso in prestito?

Quando nelle banche arrivano gli ispettori della Banca d'Italia, seri e austeri personaggi che mettono a soqquadro tutto e tutti per controllare che gli istituti di credito operino correttamente nel fare credito alle imprese, iniziano a esaminare le imprese più rischiose. Il criterio generalmente più adoperato è quello di concentrasi sulle aziende che hanno un livello dell'indice appena descritto superiore al 45%. (cioè Oneri finanziari/MOL > 45%).

SEGRETO n. 3: L'incidenza degli oneri finanziari sul MOL ci svela con certezza quanto è critica la situazione di indebitamento di un'impresa. È un criterio usato anche dagli ispettori della Banca d'Italia!

Analisi della situazione finanziaria

Quoziente di leva finanziaria (leverage) = mezzi di terzi/Capitale netto

È un indicatore di equilibrio di medio-lungo periodo. Viene detto anche leverage. Rappresenta il peso che i debiti hanno sul totale delle fonti finanziarie utilizzate per l'acquisizione della sezione sinistra dello stato patrimoniale. È anche un indicatore del grado di rischio finanziario che l'azienda presenta per i creditori.

	Capitale Netto (1)
Totale attivo (2,5) Debiti	(Mezzi di terzi) (1,5)

Maggiore è il leverage (cioè il livello relativo dei debiti), maggiore sarà il livello degli oneri finanziari gravanti sul conto economico.

Se ad esempio il valore dei mezzi di terzi è pari a 1,5 milioni di euro, mentre il valore del patrimonio netto è uguale a 1 milione di euro, il leverage assumerà il valore di 1,5. Vale a dire che sono presenti in azienda 1,5 euro di debiti per ogni euro di capitale netto per un totale di 2,5 euro di attivi.

SEGRETO n. 4: Il leverage (detto anche leva finanziaria) indica il grado di rischio finanziario.

Liquidità corrente = Attività a breve termine/ Passività a breve termine

Misura il grado di solvibilità a breve termine dell'azienda, ossia la capacità di far fronte ai debiti a breve termine attraverso lo smobilizzo delle attività di pari scadenza. Il *valore ottimale* dovrebbe essere *almeno pari a due*.

Liquidità immediata = Attività a breve termine *meno* **Rimanenze totali/Passività a breve termine**

Esprime il grado di solvibilità immediata dell'azienda, ossia la capacità di far fronte ai debiti a breve termine attraverso lo smobilizzo delle attività di pari scadenza, escludendo quelle meno liquide (magazzino), ossia quelle per le quali è più lontano il momento della trasformazione in "cassa". Il *valore ottimale* dovrebbe essere *almeno pari a uno*.

SEGRETO n. 5: Gli indici di liquidità corrente e immediata non sbagliano mai. Le grandi imprese mirano, anno dopo anno, a migliorare la propria posizione finanziaria netta.

Gli indici di liquidità appena esaminati (corrente e immediata) forniscono informazioni sulle condizioni di equilibrio finanziario di breve periodo dell'azienda. Tali condizioni possono essere espresse anche in valore assoluto (e non come rapporto) attraverso il calcolo del **Capitale Circolante Netto** (Attività a breve termine *meno* Passività a breve termine) e del **Margine di Tesoreria** (Attività a breve termine *meno* Rimanenze totali *meno* Passività a breve termine). Sono semplici da calcolare e immediati.

Impieghi	Fonti
Immobilizzazioni • Immateriali • Materiali • Finanziarie	Mezzi propri
	Debiti a m/l termine
Attività a breve termine •Rimanenze totali •Liquidità differite •Liquidità immediate	**Passività a breve termine**

Quindi dal confronto tra questi due valori evidenziati, cioè dal rapporto (indice di liquidità corrente e generale) o dalla differenza (Capitale Circolante Netto e Margine di Tesoreria), si ricavano indicazioni utili sulla situazione finanziaria.

Un altro elemento di grande interesse che completa l'analisi finanziaria è la **Posizione Finanziaria Netta** (PFN). È data dalla differenza tra i debiti finanziari e le disponibilità liquide (cassa, banche, attività finanziarie a breve ecc.). È positiva quando l'impresa ha più disponibilità liquide che debiti, assume valore negativo quando ci sono più debiti finanziari che risorse liquide.

Anche questo indice è spesso citato sulla stampa finanziaria, normalmente viene messa in risalto la volontà delle grandi società di migliorare, anno dopo anno, la propria PFN.

Gli indici di durata

Con la definizione "ciclo monetario della gestione" si intende il periodo di tempo medio che intercorre tra l'uscita monetaria collegata all'acquisto dei fattori produttivi e l'entrata monetaria derivante dalla vendita dei beni o servizi. La durata del ciclo monetario è data dalla somma algebrica di:

Giorni di scorta media +

Giorni di dilazione media concessa ai clienti –

Giorni di dilazione media concessa dai fornitori =

GIORNI CICLO MONETARIO della gestione

Giorni di scorta media = <u>Rimanenze totali</u>

Vendite : 360

Giorni di dilazione clienti: <u>Crediti commerciali</u>

Vendite : 360

Giorni di dilazione fornitori: <u>Debiti commerciali</u>

Acquisti beni e servizi : 360

Il risultato di questa somma algebrica esprime, in termini temporali, di quanti giorni le entrate relative al processo di vendita risultano in anticipo (se il risultato è un numero positivo di giorni) o in ritardo (se il risultato è un numero negativo di giorni).

Se l'azienda si trova a dover gestire una situazione in cui le uscite precedono le entrate, dovrà trovare il sistema per accelerare il processo di trasformazione di denaro in crediti, ad esempio chiedendo a una banca un affidamento per anticipi su fatture e quindi anticipando l'incasso dei crediti commerciali.

Un caso pratico (Amplifon)

Dall'esame congiunto dei differenti indici di bilancio, cercando sempre di privilegiare la sintesi, dovresti essere in grado di comprendere gli aspetti essenziali di un'azienda. I bravi analisti americani riescono a trarre giudizi fondati su imprese complesse anche solo con una decina di indici.

Navigando su Internet puoi riuscire ad avere tutti i bilanci delle più grandi aziende italiane ed estere; se hai necessità di bilanci di aziende più piccole, della tua provincia o regione, ovunque tu sia, esistono aziende specializzate che con costi di poche decine di euro te li forniscono in tempo reale.

Tutte le maggiori aziende mettono i propri bilanci online in formato elettronico sul proprio sito, generalmente nella sezione **Investor Relationship**. Le aziende quotate nella Borsa Valori di Milano inseriscono i propri bilanci, report finanziari, studi societari sul sito della Borsa (www.borsaitaliana.it), tutto il materiale è disponibile gratuitamente.

Tra queste informazioni, per ognuna delle aziende quotate esiste una scheda informativa sintetica, che, nonostante ciò, è molto utile per farsi un quadro immediato e attendibile dell'impresa; la scheda si chiama **company profile**.

Adesso ne esaminiamo una a caso che ti mostro nella pagina seguente. Volutamente ho preso in considerazione una società dal brand conosciuto, quando rivedrai il marchio in giro ricorderai di aver fatto una valutazione critica in prima persona, pur non essendo un analista finanziario di professione. Si tratta della Amplifon.

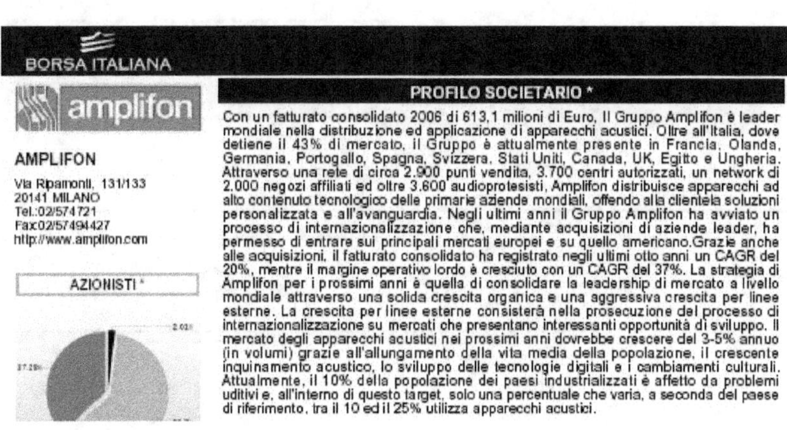

Con un fatturato consolidato 2006 di 613,1 milioni di Euro, Il Gruppo Amplifon è leader mondiale nella distribuzione ed applicazione di apparecchi acustici. Oltre all'Italia, dove detiene il 43% di mercato, il Gruppo è attualmente presente in Francia, Olanda, Germania, Portogallo, Spagna, Svizzera, Stati Uniti, Canada, UK, Egitto e Ungheria. Attraverso una rete di circa 2.900 punti vendita, 3.700 centri autorizzati, un network di 2.000 negozi affiliati ed oltre 3.600 audioprotesisti, Amplifon distribuisce apparecchi ad alto contenuto tecnologico delle primarie aziende mondiali, offendo alla clientela soluzioni personalizzata e all'avanguardia. Negli ultimi anni il Gruppo Amplifon ha avviato un processo di internazionalizzazione che, mediante acquisizioni di aziende leader, ha permesso di entrare sui principali mercati europei e su quello americano.Grazie anche alle acquisizioni, il fatturato consolidato ha registrato negli ultimi otto anni un CAGR del 20%, mentre il margine operativo lordo è cresciuto con un CAGR del 37%. La strategia di Amplifon per i prossimi anni è quella di consolidare la leadership di mercato a livello mondiale attraverso una solida crescita organica e una aggressiva crescita per linee esterne. La crescita per linee esterne consisterà nella prosecuzione del processo di internazionalizzazione su mercati che presentano interessanti opportunità di sviluppo. Il mercato degli apparecchi acustici nei prossimi anni dovrebbe crescere del 3-5% annuo (in volumi) grazie all'allungamento della vita media della popolazione, il crescente inquinamento acustico, lo sviluppo delle tecnologie digitali e i cambiamenti culturali. Attualmente, il 10% della popolazione dei paesi industrializzati è affetto da problemi uditivi e, all'interno di questo target, solo una percentuale che varia, a seconda del paese di riferimento, tra il 10 ed il 25% utilizza apparecchi acustici.

Fonte: www.borsaitaliana.it

Company Profile

DATI FINANZIARI *

€m	Annuale		Var %	Annuale
	31/12/06	31/12/05	'06 vs '05	31/12/04
Totale Ricavi	613	534	14,92%	471
Margine Operativo Lordo	105	93	12,98%	73
Ebitda margin	*17,14%*	*17,43%*		*15,57%*
Margine Operativo Netto	80	74	7,57%	57
Ebit Margin	*12,98%*	*13,86%*		*12,08%*
Risultato Ante Imposte	76	71	6,62%	52
Ebt margin	*12,34%*	*13,30%*		*11,12%*
Risultato Netto	53	47	11,60%	35
E-Margin	*8,60%*	*8,86%*		*7,43%*

	Annuale		Var %	Annuale
	31/12/06	31/12/05	'06 vs '05	31/12/04
PFN (Cassa)	204	89	129,21%	88
Patrimonio Netto	266	228	16,57%	154
Capitale Investito	470	317	48,16%	242

La società chiude l'esercizio il 31 dicembre. I dati al 31/12/2006, 31/12/2005, 30/09/2005, 30/06/2005, 31/12/2004, 30/09/2004 e 30/06/2004 sono redatti secondo IAS.

ANALISI DEL TITOLO

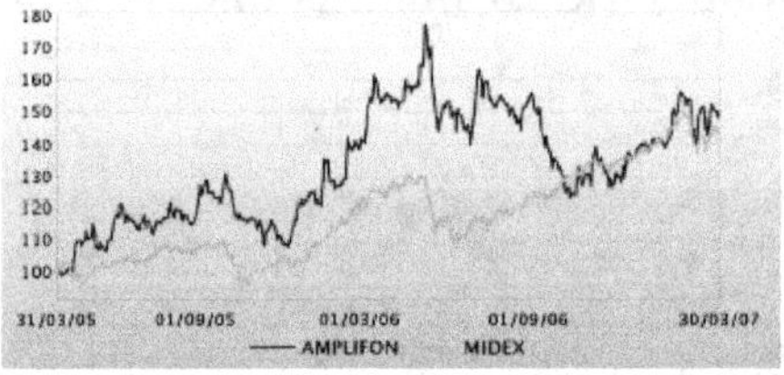

SOCIETA'	AMPLIFON
SEGMENTO	BLUE CHIP

	ISIN	BLOOMBERG	REUTERS
CODE	IT0004056880		

NUMERO DI AZIONI EMESSE		198.390.000
VALORE NOMINALE (€)		0,02
CAPITALIZZAZ. (€ mln al:)	30/03/2007	1.377,00
MINIMO CONTROVALORE ai Blocchi (€)		250.000

ULTIMO DIVIDENDO Ord (€)	0,300
DATA STACCO Ord	08/05/2006

SETTORE	SOTTO-SETTORE
ELETTRONICI-EL	ELETTRONICA E COMPONENTI

ULTIMO PREZZO	Ord (€)
30/03/2007	6,94
Variazione(-2 anni)	Ord (€)
MAX	8,20
MIN	4,58

ANDAMENTO	Ord	INDICE MIDEX	
-2Y	50,32%	-2Y	48,10%
-1Y	-3,66%	-1Y	17,83%
-3M	8,38%	-3M	7,57%
-1M	4,80%	-1M	3,42%

Fonte: www.borsaitaliana.it

Nella scheda informativa (presa gratuitamente dal sito www.borsaitaliana.it) della Amplifon (company profile), leader mondiale negli apparecchi acustici e quotata alla Borsa di Milano, ritroviamo tra le altre informazioni sintetiche sull'attività dell'azienda, nella sezione dei dati finanziari, alcuni dei più importanti indicatori di cui abbiamo parlato.

I dati, che sono in milioni di euro, sembrano tutti favorevoli. Infatti i Ricavi sono sempre in crescita e così anche il risultato netto. Il MOL è passato da 73 milioni di euro nel 2004 a 93 milioni nel 2005, fino ad arrivare a 105 milioni di euro nel 2006. Lo stesso andamento di crescita ha seguito il Margine Operativo Netto (ovvero quello che noi abbiamo definito il Risultato Operativo EBIT).

Anche se non sono espressi in chiaro in questo schema, siamo in grado di calcolare il ROI e il ROE della nota azienda. Il ROI nel 2006 è pari al **17%** (EBIT di 80 diviso Capitale investito di 470 *moltiplicato per* 100), mentre nel 2005 era del 23%.

Il ROE nel 2006 è **19,9%** (Risultato netto diviso Patrimonio Netto *moltiplicato per* 100), nell'anno precedente era del 20,6%.

Vedi come, per quanto riguarda l'aspetto di redditività, mentre a una prima occhiata sembrava che tutto andasse bene, adesso ci rendiamo conto che nonostante la crescita dei ricavi e dell'utile netto abbiamo rilevato (noi... o meglio tu con i tuoi semplici mezzi) un peggioramento della redditività del capitale investito (ROI dal 23% al 17%) e una più modesta flessione nella redditività del capitale proprio (ROE dal 20,6% al 19,9%).

Questa semplice conclusione può essere approfondita esaminando tutti gli altri dati del bilancio, magari andando sul sito dell'azienda e scaricando il bilancio completo, meglio se già riclassificato. Ci renderemmo subito conto che, partendo dai sintomi che abbiamo individuato e analizzando le aree critiche, potremo essere certamente in grado di comprendere da dove trae origine questo peggioramento degli indici di redditività.

Per quanto riguarda l'aspetto finanziario vediamo un miglioramento della Posizione Finanziaria Netta più marcato nel 2006, in quanto si passa da 89 milioni di euro a 204 milioni di euro.

Ricordiamo in tal senso che se la **PFN** è positiva significa che le disponibilità liquide sono maggiori dei debiti finanziari a breve termine; se assume valore negativo allora i debiti verso banche a breve sono maggiori della liquidità in cassa. Questa situazione è più ricorrente soprattutto nelle piccole e medie imprese, ma si verifica talvolta anche nelle maggiori imprese quotate.

Anche in questo caso, disponendo del bilancio completo aziendale, possiamo approfondire le cause del miglioramento finanziario. Se per tua esercitazione dovessi farlo, mi rendo disponibile, come ti ho promesso nell'introduzione, ad assisterti online nelle tue conclusioni.

RIEPILOGO DEL GIORNO 5:

- SEGRETO n. 1: Il ROE, molto apprezzato nella teoria economica, nella pratica non è un indice molto attendibile.

- SEGRETO n. 2: Il re di tutti gli indici è il ROI, che illustra quanto è brava un'impresa a fare bene il proprio mestiere.

- SEGRETO n. 3: L'incidenza degli oneri finanziari sul MOL ci svela con certezza quanto è critica la situazione di indebitamento di un'impresa. È un criterio usato anche dagli ispettori della Banca d'Italia!

- SEGRETO n. 4: Il leverage (detto anche leva finanziaria) indica il grado di rischio finanziario.

- SEGRETO n. 5: Gli indici di liquidità corrente e immediata non sbagliano mai. Le grandi imprese mirano, anno dopo anno, a migliorare la propria posizione finanziaria netta.

GIORNO 6:

Come capire le dinamiche finanziarie

Introduzione all'analisi della dinamica finanziaria

Quando si affronta l'analisi finanziaria, anche i più esperti – mi riferisco ai laureati in economia – spesso si possono smarrire nei meandri delle varie definizioni di termini finanziari, perdendo di vista l'essenza delle argomentazioni. Pertanto a te, che hai letto e studiato fino a questo punto tutto il mini-trattato, è richiesto uno sforzo di attenzione veramente grande.

Ma come sempre accade gli **sforzi più impegnativi** vengono ripagati da **grandi soddisfazioni**.

L'*analisi di bilancio*, anche se condotta in maniera più approfondita, lascia in ombra diversi aspetti della gestione aziendale. L'*analisi dello stato patrimoniale* permette di confrontare situazioni a date diverse, ma nulla dice di quello che è successo nel corso dell'anno. Anche il *conto economico* è costruito sulla base del principio di competenza dei costi e dei ricavi e quindi non mette in risalto una serie di accadimenti aziendali che pesano invece sulla gestione, originando movimenti finanziari.

Quando si utilizzano soltanto gli indici non vengono esaminati pertanto una serie di fenomeni importanti per comprendere dove si dirige l'azienda, quali sono la sua capacità di generare risorse finanziarie dalla sua gestione ordinaria (del *core business*) e l'entità dei fabbisogni finanziari dell'impresa, nonché il modo con cui la proprietà dell'impresa ha suddiviso le risorse nei vari impieghi possibili.

Quando parliamo di impieghi siamo ormai allenati a pensare agli investimenti, ovvero ci concentriamo sull'attivo dello stato patrimoniale.

Impieghi	Fonti
Immobilizzazioni • Immateriali • Materiali • Finanziarie	Mezzi propri
	Debiti a m/l termine
Attività a breve termine •Rimanenze totali •Liquidità differite •Liquidità immediate	**Passività a breve termine**

Un esempio molto intuitivo ci aiuta a capire meglio la dimensione finanziaria.

Ipotizziamo **l'acquisto di un impianto**. Il prezzo pagato al fornitore (ad esempio 15.000 euro) non è presente fra i costi del conto economico, perché la spesa, come abbiamo detto nei capitoli precedenti, è stata patrimonializzata e verrà ripartita in più esercizi in funzione della durata prevista dell'impianto.

Nel nostro conto economico troveremo solo un costo per ammortamento (nel nostro esempio 1.500 euro, considerando un periodo di ammortamento di 10 anni). Ma invece nella realtà l'acquisto dell'impianto ha dato luogo a una serie di decisioni e flussi finanziari che hanno segnato sia la gestione dell'esercizio in corso sia quella futura.

Dove l'impresa ha reperito o reperirà la somma necessaria per pagare il fornitore?

Può averla presa dalle risorse rese disponibili dalla gestione corrente, ma può aver stipulato un mutuo a medio-lungo termine o ancora aver ricevuto le somme necessarie dal proprietario. Ma può anche aver attinto più semplicemente al fido in c/c a breve termine. Questa circostanza, molto frequente nella realtà, rappresenterebbe una **scelta sbagliata,** in quanto è sempre poco prudente immobilizzare in impianti fonti finanziarie a breve termine.

È importante **sapere quale di queste scelte ha adottato l'azienda**, in quanto ogni alternativa ha un costo diverso e un riflesso sul conto economico degli esercizi futuri.

Ci sono invece fatti aziendali che possono aumentare l'utile di esercizio ma non hanno alcun effetto sull'aspetto finanziario. Un esempio può essere la **rivalutazione di un impianto** o di una partecipazione, che accrescono l'utile ma non hanno alcun effetto sul nostro c/c bancario. La stessa cosa vale per gli ammortamenti annuali, che sono un costo, quindi riducono l'utile, ma non hanno effetto sul c/c bancario.

Per passare efficacemente e intuitivamente dalla considerazione degli aspetti economici e patrimoniali a quelli finanziari torna utile pensare che i fenomeni aziendali, i fatti di gestione che hanno un risvolto monetario sono quelli che producono una variazione sul nostro c/c bancario, in aumento o in diminuzione. Discutiamo di aspetto finanziario in senso lato, ma tra un attimo faremo una netta distinzione tra aspetto finanziario e aspetto monetario.

Ecco perché le banche nelle loro analisi dei fenomeni aziendali puntano sempre più sui flussi di cassa. Gli stessi **fondi di investimento** o le società di *private equity* – cioè quelle società che raccolgono liquidità da persone benestanti con giacenze di diversi milioni di euro e le investono nel capitale sociale di aziende che ritengono promettenti, ma sottovalutate, e poi rivendono le proprie quote di capitale quando hanno fatto riacquistare valore all'azienda preda – badano tutte alla capacità futura di un'azienda di produrre flussi di cassa.

L'attività aziendale può essere pensata come un ciclo in cui le **fonti di finanziamento**, apportate dalla proprietà e dai terzi, vengono impiegate nelle attività necessarie alla produzione per trasformarsi in attività liquide, da utilizzare per remunerare i fattori produttivi e la proprietà con un **flusso di pagamenti**. In definitiva prima o poi chi ha investito, fatto credito, fornito beni e servizi, si aspetta in contropartita un flusso di pagamenti.

L'utile di esercizio non è una grandezza che misura la maggiore o minore capacità dell'impresa di produrre questo flusso di pagamenti. L'**utile netto** riviene da una serie di rettifiche e stime che, come già detto in premessa, non sempre hanno una contropartita di cassa (ricordate sempre la partita doppia).

Vi sono invece **movimenti di cassa** che non incidono sull'utile d'esercizio in cui si verificano (si ricordi l'esempio dell'acquisto dell'impianto).

Per consolidare il concetto del passaggio dall'aspetto economico dei principali fenomeni aziendali all'aspetto finanziario e monetario, può risultare utile un esempio molto semplice. Consideriamo il processo di vendita dei prodotti aziendali secondo lo schema grafico proposto di seguito.

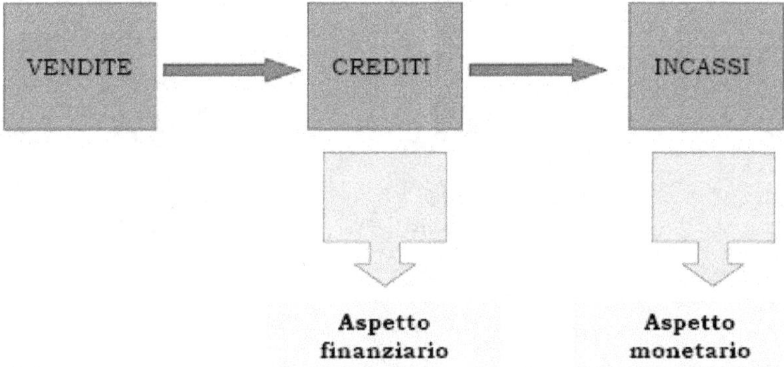

L'aspetto economico ha origine dalla vendita e contemporaneamente si determina l'aspetto finanziario con la nascita del credito verso il cliente, se ad esempio viene concessa una dilazione per sei mesi. Allo scadere dei sei mesi il credito si trasforma in entrata di cassa (sul nostro c/c bancario) e quindi si manifesta l'aspetto monetario.

Quindi aspetto **economico** > **finanziario** > **monetario.**

Dal lato degli acquisti dei fattori produttivi avremo invece:

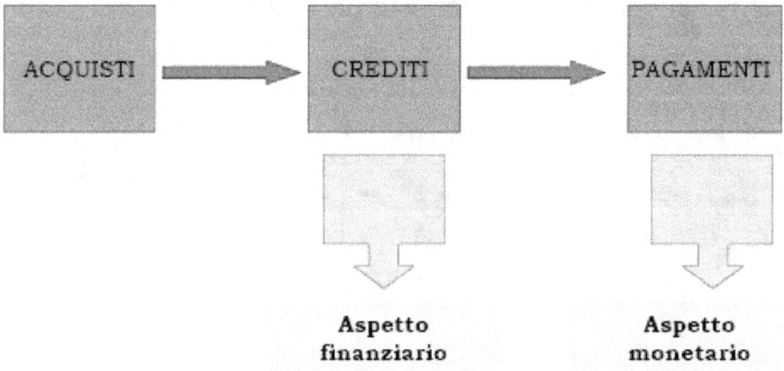

L'aspetto economico coincide con l'acquisto del bene o servizio, contemporaneamente nasce l'aspetto finanziario, cioè la dilazione di pagamento che mi viene concessa (ad esempio a tre mesi). Allo spirare dei tre mesi devo procedere al pagamento (con addebito del mio c/c bancario) e quindi in questo momento si rileva l'aspetto monetario.

SEGRETO n. 1: La grandezza finanziaria è la differenza tra aspetto finanziario e aspetto monetario.

SEGRETO n. 2: L'analisi finanziaria ha un ruolo centrale rispetto alle altre valutazioni di bilancio.

Il rendiconto finanziario (cash flow statement)

Un utile strumento di sintesi per studiare al meglio questi fenomeni è il rendiconto finanziario, con cui si procede all'analisi delle fonti e impieghi dei fondi. Si tratta di un prospetto molto simile al conto economico scalare, che consente di evidenziare i flussi finanziari. Questo semplice schema cerca di rispondere ad alcune semplici domande:

- A quanto è ammontato il fabbisogno finanziario?
- Quali impieghi hanno comportato assorbimento delle risorse monetarie?

- Quali sono state le fonti di finanziamento attivate?

Il rendiconto finanziario è un prospetto concettualmente più semplice rispetto allo stato patrimoniale e al conto economico,; è infatti alimentato da movimenti originati da entrate e uscite di liquidità. Da ciò discendono due proprietà:

1. il rendiconto finanziario contiene soltanto valori certi (i movimenti registrati sul nostro conto corrente), non è influenzato dalle scritture di integrazione e rettifica di fine esercizio;
2. potrebbe teoricamente essere elaborato (chiuso) in qualsiasi momento proprio perché non comporta la necessità di scritture di rettifica/chiusura.

Nonostante il contenuto del rendiconto finanziario sia concettualmente semplice, il suo **procedimento di costruzione è macchinoso**. A titolo di cronaca, i bene informati in materia riferiscono il fatto che la maggior parte dei laureati in economia che si presentano agli esami di Dottore Commercialista sbagliano quasi sempre le domande sul rendiconto finanziario.

Per redigere un rendiconto finanziario bisogna **aggregare i flussi monetari** in funzione dell'area gestionale in cui hanno avuto origine:

- Area della gestione caratteristica corrente
- Area degli investimenti e disinvestimenti
- Area delle remunerazioni finanziarie e delle operazioni accessorie
- Area delle accensioni e rimborsi di prestiti e dei conferimenti e rimborsi di mezzi propri

Prima di procedere a qualunque analisi è necessario preliminarmente **stabilire quale sia la risorsa finanziaria di riferimento**. Non esiste una nozione univoca di risorsa finanziaria.

È possibile elaborare due rendiconti finanziari che usano due differenti configurazioni e cioè:

1. Il **capitale circolante netto** o CCN (aspetto finanziario);
2. **Flusso monetario** o *net cash*, cioè cassa e saldo tra conti

correnti attivi e passivi (aspetto monetario).

In particolare quest'ultimo è quello universalmente più adottato nella pratica dell'analisi finanziaria.

Il **rendiconto finanziario**, per qualsiasi tipo di risorsa finanziaria considerata (CCN o flussi monetari), cercherà di spiegare la dinamica della differenza tra risorse finanziarie iniziali e finali.

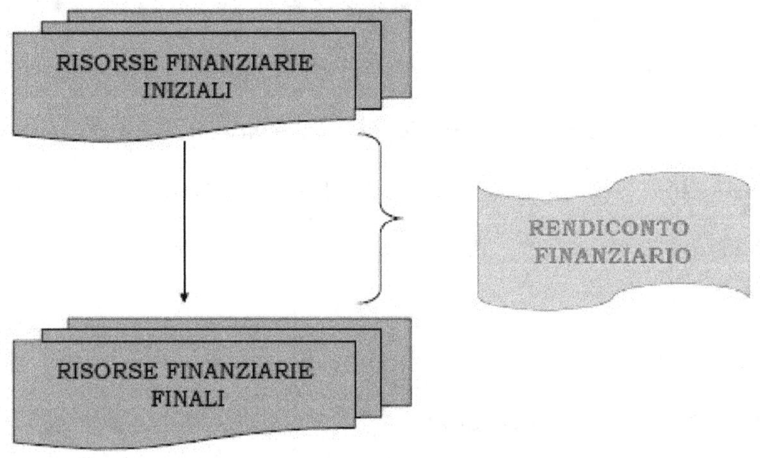

Costruzione del rendiconto finanziario

Anche se, visto che non sei un addetto ai lavori, non ti può essere richiesto di costruire ed elaborare un rendiconto finanziario, per poterne comprendere il significato è necessario un breve richiamo ai due metodi che ne consentono la realizzazione. Nella pratica infatti ti imbatterai – sui siti internet delle società che stai monitorando o sul Sole 24 Ore – in rendiconti finanziari già realizzati da qualcun altro; può quindi essere interessante capire come vengono prodotti.

SEGRETO n. 3: Non cercare di costruire dei rendiconti finanziari, perché è un compito molto arduo e difficile anche per i più esperti: li troverai già realizzati. È molto importante capirli, non costruirli!

La determinazione dei flussi finanziari può avvenire per **via analitica** o per **via sintetica**. Si tratta di due differenti modalità operative che tuttavia riflettono identiche logiche.

Lo strumento attraverso cui si determinano in via analitica i flussi di risorse finanziarie è costituito dal **"foglio di lavoro"**.

Per la sua costruzione sono necessari:

- gli stati patrimoniali relativi all'inizio e alla fine del periodo;

- il conto economico del periodo;

- una serie di informazioni (in larga parte ottenibili dalla nota integrativa).

Materialmente l'analisi viene condotta costruendo un prospetto nel quale si accostano le stesse voci di stato patrimoniale, all'inizio e alla fine dell'esercizio.

Si rilevano le **differenze**; queste vanno interpretate come:

- *fonti di fondi* quando si tratta di **aumento di passività** (l'impresa ha ricevuto nuove risorse finanziarie dall'esterno) o **riduzione di attività** (l'impresa ha smobilizzato determinati investimenti e si è trovata a disporre di risorse impiegabili in altro modo);

- *impieghi di fondi* quando si tratta di **diminuzione di passività** (l'impresa ha reso ai finanziatori esterni le risorse precedentemente ricevute) o di **aumento di attività** (l'impresa ha utilizzato le risorse in determinati investimenti).

Fonti e impieghi così calcolati devono essere uguali. Va notato che in un prospetto di questo tipo una semplice modificazione della struttura del passivo o dell'attivo, a parità di totale di bilancio, dà luogo all'evidenziazione di «fonti» e «impieghi». Così è, per esempio, quando una riduzione di magazzino (fonte) si traduce in un aumento dei crediti verso i clienti (impiego) o un aumento dell'indebitamento a lungo viene usato per rimborsare i debiti a breve.

La domanda che ci si deve porre per **capire immediatamente** se si tratta di una fonte o un impiego è: **come si riflette questa variazione sul nostro c/c bancario?**

Se ad esempio i *crediti verso i clienti si sono ridotti* da un anno all'altro, significa che li ho incassati e quindi che ho avuto un accredito sul mio c/c e pertanto si tratta di una **fonte**.

Se invece i *crediti sono aumentati* in un esercizio e invece di incassare le nuove vendite fatte ho concesso altro credito, non ho alcun accredito sul c/c e quindi si è trattato di un **impiego**.

Se i miei *debiti verso i fornitori sono diminuiti* da un anno all'altro, cosa può essere accaduto? Quasi certamente ho pagato e quindi il mio c/c ha avuto una riduzione, un addebito per il pagamento. Si tratta di un **impiego**.

Nell'ipotesi contraria, di un aumento dei debiti verso fornitori, di cosa si tratta? Non ho dovuto procedere all'addebito del mio conto in banca, pertanto siamo in presenza di una bella **fonte** di liquidità.

Se rifletti un attimo, l'aumento dell'indebitamento verso fornitori e verso banche è la stessa cosa: non devo sborsare subito soldi per pagare la merce che ho acquistato, ricevo una bella boccata di ossigeno, in attesa magari di poter vendere la merce e con i ricavi saldare anche il conto dei fornitori o coprire il mio scoperto in banca.

Nella pratica l'imprenditore è ben consapevole che l'una o l'altra ipotesi non sono esattamente uguali, solo una delle due forme di addebito (fornitori o banche) ha un costo.

SEGRETO n. 4: Impara a memoria soltanto queste due semplici nozioni: *Fonti di fondi* **= aumento di passività o riduzione di attività;** *Impieghi di fondi* **= aumento di attività o riduzione di passività.**

Schema di rendiconto finanziario

Di prospetti di rendiconti finanziari se ne vedono tanti, quello che ti propongo è quello adottato da molte società quotate in Borsa. Queste società, dal 2006, sono obbligate ad applicare i nuovi principi contabili internazionali (IAS) nella redazione dei propri bilanci e sono anche costrette a produrre il rendiconto finanziario il cui schema però non è stato stabilito. Sono stati emanati solo alcuni principi base che devono essere seguiti nella sua costruzione (nello IAS 7). Ecco perché non esiste al momento uno schema standard di rendiconto finanziario.

Nella pagina seguente trovi lo schema, se hai necessità del formato elettronico in Excel invia una email all'indirizzo: **martemucci@bilancio-semplice.it,** te lo invio immediatamente e gratuitamente, condividendo tutte le valutazioni e considerazioni che emergono dalle tue analisi.

RENDICONTO FINANZIARIO (cash flow statement)

Utile netto

+ Ammortamenti ed altre rettifiche non monetarie

A) Flusso di cassa del risultato corrente (autofinanziamento)

Variazione crediti ed altre attività

Variazione debiti ed altre passività

Variazione rimanenze

B) Flusso di cassa da attività operativa

-Interessi pagati

+Interessi incassati

- Imposte pagate

C) Flusso di cassa netto da attività operativa

-Investimenti in impianti, macchinari e partecipazioni

+Disinvestimenti in impianti, macchinari e partecipazioni

D) Flusso di cassa da attività di investimento

-Rimborsi di finanziamenti

+Incassi da finanziamenti

-Dividendi pagati

+/- Altri movimenti di patrimonio netto

E) Flusso di cassa netto da attività di finanziamento

(A+B+C+D+E) Flusso di cassa netto dell'esercizio

Disponibilità liquide iniziali

Disponibilità liquide finali

Flusso di cassa netto dell'esercizio

Il nostro prospetto parte dall'**utile netto** che, sommato ai costi che non hanno carattere monetario (ammortamenti, accantonamenti ecc.), ci danno il flusso di cassa potenziale (**autofinanziamento**), quello cioè che deriverebbe dalla gestione corrente se tutte le operazioni di acquisto e vendita avvenissero per contanti.

Quando parlo di **costi non monetari** mi riferisco ai costi che non prevedono un addebito del nostro c/c bancario. Infatti ricorda che nel caso dell'ammortamento di un macchinario l'addebito del c/c c'è stato solo nell'esercizio in cui abbiamo acquistato il macchinario e non dopo, quando annualmente imputiamo la quota di ammortamento. Quando rileviamo la quota annua di ammortamento non abbiamo alcuna uscita monetaria.

Riprendendo il discorso precedente, se tutte le operazioni di vendita dei nostri prodotti/servizi e di acquisto dei fattori produttivi (merci, lavoro ecc.) avvenissero **per contanti**, senza alcuna dilazione di pagamento, allora il flusso di cassa derivante dalla nostra attività sarebbe quello individuato nello schema riportato sopra in A), cioè l'autofinanziamento.

Tuttavia nel mondo economico delle imprese le transazioni commerciali di acquisto e vendita avvengono con **dilazioni;** queste, oltre al peso delle **rimanenze di magazzino** che incorporano futuri ricavi di vendita, influiscono sui flussi di cassa, aumentando o riducendo il risultato precedente.

Il flusso di cassa da attività operativa B) è il risultato del **fattore tempo** e del magazzino. Se ho concesso più dilazioni di quante ne ho ricevute dai miei fornitori, allora la mia liquidità, cioè i miei flussi di cassa, si sono ridotti rispetto al risultato conseguito in A). Lo stesso risultato lo ottengo se aumento le scorte in magazzino, perché ciò significa che ho incrementato i miei investimenti nel magazzino, assorbendo più risorse nella speranza che con le future vendite rientrerò di queste spese.

È questa la lettura, l'interpretazione che si deve dare quando si vedono i primi due aggregati del rendiconto finanziario, cioè il risultato A e il risultato B.

La mia bravura nella gestione finanziaria, in questa prima fase, sta nel rendere A maggiore o uguale a B.

Nel settore della grande distribuzione organizzata – pensate ad Auchan e Ipercoop per fare due esempi – ci dovremmo aspettare che quello che abbiamo chiamato l'*effetto del fattore tempo* dia un contributo positivo ai flussi di cassa da attività operativa (risultato B).

Queste società vendono i propri prodotti nei loro ipermercati **in contanti**, mentre acquistano la merce, forti del loro potere contrattuale, ricevendo **notevoli dilazioni di pagamento**. Quindi all'autofinanziamento prodotto dalla gestione corrente (risultato A del nostro schema) sommano sempre un risultato positivo, per effetto delle dilazioni di pagamento spuntate, potendo quindi fare affidamento su ingenti flussi di cassa che possono essere destinati alle altre gestioni dell'impresa.

Nei periodi in cui i tassi di interesse sono elevati, la parte di utile di queste grandi imprese, fatta dalla gestione dinamica della loro liquidità (cioè investendo in strumenti finanziari sofisticati e disinvestendo anche per piccole variazioni di prezzo) è praticamente pari, se non superiore, a quanto realizzato dalla tradizionale attività di compravendita di merci. Potresti provare a cercare su internet i bilanci sui loro siti aziendali; dopo che li avrai esaminati sarei lieto di ricevere i tuoi commenti.

La porzione successiva del prospetto è più semplice da interpretare: si mette in evidenza la parte delle **risorse monetarie** (flussi di cassa) **destinata al pagamento degli interessi bancari e delle imposte**. I percettori di tali pagamenti (banche e Stato) sono abbastanza esigenti e pericolosi per l'impresa, potrebbero metterla in seria difficoltà se non soddisfatti!

La fase successiva è quella destinata **all'area degli investimenti**. La società, in qualsiasi settore economico operi, dovrebbe sempre investire nel miglioramento dei propri apparati produttivi o dei processi produttivi per stare al passo con i tempi e quindi, se è riuscita a produrre risorse monetarie dall'attività corrente, dovrebbe essere in grado di affrontare gran parte degli investimenti con le proprie forze, senza ricorrere a indebitamento bancario a medio-lungo termine (mutui e prestiti).

L'acquisto di un macchinario rappresenta un impiego di flussi di cassa, mentre la vendita di un macchinario vecchio genera una fonte di liquidità.

Nella sezione successiva del prospetto risiede l'area della formazione del flusso di cassa derivante dall'**attività di finanziamento**.

Se non siamo stati in grado di originare risorse monetarie dalle precedenti gestioni e, purtroppo, abbiamo dovuto fare investimenti, come risulta dall'area di indagine precedente, allora probabilmente abbiamo acceso un mutuo con la nostra banca e quindi avremo una fonte (incassi da finanziamenti). Se invece avevamo già dei prestiti esistenti la quota rimborsata nell'anno costituirà un impiego di risorse (rimborsi di finanziamenti).

Se abbiamo anche pagato dei dividendi ai nostri azionisti allora avremo un impiego di flussi monetari, quindi un esborso di liquidità (addebitando il nostro conto corrente bancario).

La somma algebrica (considerando come positive le aree che

hanno generato risorse e come negative quelle che le hanno assorbite) determinerà il flusso di cassa netto dell'esercizio, che sarà uguale alla differenza tra le disponibilità liquide iniziali e le disponibilità liquide finali.

Ovviamente se il **flusso di cassa è positivo** le risorse finali saranno maggiori di quelle iniziali. Il rendiconto finanziario serve proprio a spiegare come si è formata questa variazione, nelle sue componenti principali. Da questa analisi si individuano le aree critiche di miglioramento e di intervento.

Poiché la maggior parte delle imprese nella realtà ha indebitamento bancario, allora si considera l'indebitamento bancario netto a breve termine, cioè i debiti bancari a breve termine (scoperto di c/c, anticipo su fatture e ricevute bancarie), meno l'eventuale liquidità esistente a fine anno. Questo valore lo abbiamo già definito come **Posizione Finanziaria Netta**.

SEGRETO n. 5: Il flusso di cassa netto da attività operative è il re dei flussi di cassa, fornisce le più importanti indicazioni sulle prospettive finanziarie dell'impresa.

RIEPILOGO DEL GIORNO 6:

- SEGRETO n. 1: La grandezza finanziaria è la differenza tra aspetto finanziario e aspetto monetario.

- SEGRETO n. 2: L'analisi finanziaria ha un ruolo centrale rispetto alle altre valutazioni di bilancio.

- SEGRETO n. 3: Non cercare di costruire dei rendiconti finanziari, perché è un compito molto arduo e difficile anche per i più esperti: li troverai già realizzati. È molto importante capirli, non costruirli!

- SEGRETO n. 4: Impara a memoria soltanto queste due semplici nozioni: *Fonti di fondi* = aumento di passività o riduzione di attività; *Impieghi di fondi* = aumento di attività o riduzione di passività.

- SEGRETO n. 5: Il flusso di cassa netto da attività operative è il re dei flussi di cassa, fornisce le più importanti indicazioni sulle prospettive finanziarie dell'impresa.

GIORNO 7:

Quali sono tutti i segreti sul cash flow

Importanza del Free Cash Flow

Vi riporto integralmente una newsletter di un sito molto frequentato dagli specialisti di investimenti azionari, in cui si fa un reale riferimento all'importanza del cash flow come indicatore per la scelta delle azioni migliori.

«Lunedì, 18 febbraio 2002

Come si trovano i Vincitori?

Moltissimi Fwiani mi chiedono come scovare i Vincitori. Non che si aspettino una lista di winners, sanno che non avrebbe molto senso, anche perché i Vincitori vanno e vengono e possono cambiare anche velocemente.

In finanza si combattono battaglie, ma la guerra non finisce mai. I Vincitori sono quelli che vincono più battaglie. E in borsa ci sono battaglie tutti i giorni.

Ma ci sono regole e trucchi per sapere chi sta vincendo e per capire chi potrebbe continuare a vincere. Parecchie ve le ho raccontate giorno dopo giorno in questi due anni e mezzo di FW, e le trovate in gran parte riassunte qui (Il vademecum dell'investitore:) http://www.finanzaworld.it/new_invest.asp.

Però una bussola ottima per riconoscere un Vincitore da un semplice combattente, o peggio da un Perdente, è la presenza di quello che a Wall Street chiamano *"free cash flow"*. Da non confondere assolutamente con il cash flow.

Il cash flow ce l'hanno in molti, il free cash flow in pochi. Perché il free cash flow è la cassa (i soldi) che resta ad un'azienda quando dal cash flow prodotto dalle operazioni della medesima, abbiamo tolto la cassa (i soldi) che la medesima società ha speso per gli interessi, le tasse e le spese che non riguardano l'espansione, ma che servono a tenere la società in grado di operare per bene.

Solo che non è facile sapere chi ha free cash flow. Non è facile perché nei numeri (gli earnings) che le società comunicano alle borse, in Italia come a Wall Street, non c'è scritto troppo chiaramente quanto free cash flow è stato prodotto in un certo periodo da un'azienda.

Di solito parlano di una cosa chiamata **"ebitda"**. È una delle tantissime sigle finanziarie che si può tradurre: "earnings before interest taxes depreciation and amortization". Insomma utili prima di togliere un sacco di cose. Tra cui gli interessi passivi. C'è un bella differenza!

Morningstar e Business Week si sono presi la briga di calcolare quali sono le società che a Wall Street hanno più di un miliardo di $$$ di valore di mercato e, in questo momento, hanno un rapporto tra prezzo dell'azione e capacità di generare free cash flow, migliore e peggiore. Cioè sono più convenienti e più costosi. Ecco qui i primi cinque delle due categorie:

-Più convenienti
MCI Group (nasdaq-MCIT) 0.98
Ford Motor (nyse-F) 1.32
Enersis ADR (nyse-ENI) 1.51

Viad (nyse-VVI) 1.60

Marconi (nasdaq-MONI) 2.14

-Più costosi

Forest Oil (nyse-FST) 5,760

Extreme Networks (nasdaq-EXTR) 2,653

Marvell Technology (nasdaq-MRVL) 2,232

Peabody Energy (nyse-BTU) 2,096

Talbots (nyse-TLB) 1,802

Sono informazioni interessanti. Certo per decidere chi sono i Vincitori duraturi non basta sapere chi ha free cash flow: chi ce l'ha oggi potrebbe non averlo domani, chi ancora non ce l'ha potrebbe prestissimo mettersi in condizioni di averlo. E ci sono altre caratteristiche importanti che fanno un Vincitore, come sapete bene. Ma solo i Vincitori ce l'hanno sempre. Il free cash flow. Anche per questo vincono».

Fonte: www.finanzaworld.it

SEGRETO n. 1: Con il free cash flow la maggior parte degli investitori individua le aziende su cui investire in Borsa

Flussi di cassa e ciclo di vita dell'impresa

Esiste una stretta correlazione tra la fase in cui si trova l'impresa e le sue esigenze di risorse finanziarie. Graficamente osserviamo un assorbimento di risorse – e quindi una necessità di reperirle – nelle prime due fasi, quando la curva è in territorio negativo; successivamente, quando passa in zona positiva, l'impresa inizia a generare risorse finanziarie.

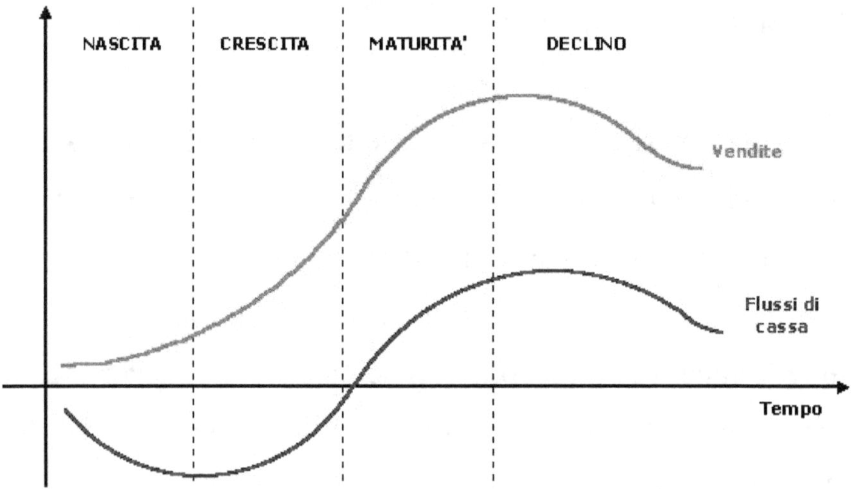

La fase iniziale, cioè la prima fase, viene solitamente suddivisa in due momenti. Nella fase di nascita dell'impresa le attività sono concentrate nel primo sviluppo del prodotto, nella preparazione dei processi, nella definizione di un piano strategico d'azione.

Fabbisogno finanziario:

- Contenuto
- Capitali dello stesso imprenditore (o di amici o di parenti)
- Finanziamenti bancari ottenuti solo con garanzie personali

Nella fase di **avvio** (**start up**) si concentrano gli investimenti in impianti, inizia l'assunzione di personale, si procede all'allestimento del magazzino, all'organizzazione amministrativa, alla creazione di una forza vendita.

Fabbisogno finanziario:

- Elevato.
- Investimenti strutturali materiali e immateriali.
- Investimenti in capitale circolante.

Nella seconda fase, cioè quella di **crescita**, una buona struttura finanziaria ha il ruolo fondamentale di permettere all'impresa in crescita di sostenere lo sviluppo in maniera sana ed equilibrata. Così come avviene in fase di introduzione, la relazione strategia/finanziamento varia in funzione di particolari sottofasi che contraddistinguono lo sviluppo d'impresa.

SEGRETO n. 2: In fase di nascita e crescita del ciclo di vita di un'impresa il fabbisogno finanziario è elevato.

In generale in fase di crescita l'accesso al capitale di debito è più favorevole. Le motivazioni sono:

• produzione di utili, con la possibilità di sfruttare il vantaggio fiscale del debito;

- diminuzione della variabilità e dell'incertezza dei risultati, e quindi migliori prospettive reddituali;
- costruzione di un patrimonio di attività materiali (immobili, macchinari ecc.) che possono essere offerte in garanzia e che contribuiscono ad elevarne lo standing creditizio;
- una maggiore solidità patrimoniale.

Quando l'impresa raggiunge la **maturità** non ha significative necessità finanziarie, infatti i flussi di cassa sono positivi e stabili (vedi il grafico).

C'è inoltre una riduzione dei rischi a causa della maggiore affidabilità e capacità di generare reddito, anche in relazione alle maggiori garanzie che può offrire. In queste condizioni l'imprenditore è più facilitato nella scelta dei soggetti disposti a concedergli finanziamenti, sia a titolo di debito (banche, finanziarie, società di leasing e factoring) sia a titolo di capitale di rischio (nuovi soci).

SEGRETO n. 3: Nella fase di maturità si genera il massimo del cash flow dell'azienda. L'impresa diventa, come dicono

gli americani, una cash-cow, cioè una *mucca da cui mungere flussi di cassa.*

Il **declino** è l'ultima fase dell'impresa, può essere definito come una particolare fase della vita aziendale o una condizione riconducibile a numerosi fattori quali: inefficienze produttive, commerciali, amministrative, finanziarie, logistiche, o alla rigidità, sovracapacità, carenza di programmazione e innovazione, squilibrio finanziario ecc. Le risorse finanziarie a questo punto seguono la curva delle vendite e quindi decrescono lentamente ma costantemente.

SEGRETO n. 4: Anche in fase di declino vengono generate risorse finanziarie.

Un caso pratico (Campari)

Ti avevo già anticipato in precedenza che Internet è una miniera di informazioni, infatti dal sito della Borsa Valori di Milano (www.borsaitaliana.it) ho tratto gratuitamente la relazione semestrale di una nota società alimentare; commento ora con te le principali indicazioni che balzano all'occhio.

Da tale relazione ho estratto il rendiconto finanziario e un quadro dei principali dati di sintesi. Per quanto riguarda il rendiconto finanziario possiamo fare le seguenti osservazioni: da un anno all'altro l'autofinanziamento potenziale è aumentato in misura rilevante (da 68 milioni di euro a 85 milioni); è già un primo risultato incoraggiante. Il fattore tempo, cioè la variazione del capitale circolante netto, è stato più favorevole, ossia ha assorbito meno risorse monetarie (27 milioni nel 2006, solo 14 milioni nel 2007).

Il flusso di cassa delle attività operative è quindi cresciuto molto, assicurando una buona dote di flussi di cassa che l'azienda ha impiegato solo in parte per gli investimenti.

Il free cash flow quindi si è più che raddoppiato. Questo è un elemento molto positivo, aggiunge molto valore all'azienda, sempre che si possa ipotizzare il mantenimento di questo risultato anche per i prossimi anni. La rimanente parte dei flussi di cassa è stata destinata per pagare i dividendi (29 milioni di euro) e per migliorare la posizione finanziaria netta, riducendo l'indebitamento finanziario per 51 milioni di euro. La variazione della posizione finanziaria netta è quindi pari al flusso netto di cassa totale del periodo.

	Primo semestre 2007 € milioni	Primo semestre 2006 € milioni
Utile netto	56,9	55,5
Ammortamenti e variazioni che non determinano movimenti di cassa	12,0	10,2
Variazioni di crediti e debiti fiscali e di attività e passività non finanziarie	16,2	2,1
Flusso di cassa generato dalle attività operative prima delle variazioni di capitale circolante	85,1	67,8
Variazione capitale circolante netto operativo	(14,3)	(27,3)
Flusso di cassa generato dalle attività operative	70,8	40,5
Flusso di cassa assorbito da investimenti	(6,8)	(9,5)
Free cash flow	64,0	30,9
Acquisizioni	(1,2)	(128,9)
Altre variazioni	8,2	(0,1)
Dividendo pagato dalla Capogruppo	(29,0)	(28,1)
Flusso di cassa assorbito da altre attività	(22,1)	(157,1)
Differenze cambio e altre variazioni	9,5	18,1
Totale flusso di cassa netto del periodo = variazione delle posizione finanziaria netta	51,5	(108,1)
Posizione finanziaria netta di inizio del periodo	(379,5)	(371,4)
Posizione finanziaria netta di fine periodo	(328,0)	(479,5)

Fonte: www.borsaitaliana.it

Qui di seguito trovi i principali dati di sintesi, sempre tratti dal medesimo documento cui si è accennato in precedenza, della stessa nota azienda alimentare. Ritroviamo tutti valori con cui abbiamo familiarizzato.

Dati di sintesi

	Primo semestre 2007 € milioni	Primo semestre 2006 € milioni	variazione %	variazione % a cambi costanti
Vendite nette	440,6	417,8	5,4%	7,8%
Margine commerciale	123,7	115,3	7,2%	9,4%
EBITDA				
prima di oneri e proventi non ricorrenti	102,4	95,3	7,5%	9,7%
EBITDA	100,8	95,2	5,9%	8,1%
Risultato della gestione corrente	92,7	86,0	7,9%	10,3%
Risultato operativo	91,1	85,9	6,1%	8,5%
ROS % (risultato operativo / vendite nette)	20,7%	20,6%		
Utile prima delle imposte	82,7	80,4	2,8%	5,0%
Utile netto del Gruppo e di terzi	57,0	57,9	-1,6%	0,5%
Utile netto del Gruppo	56,9	55,5	2,5%	4,6%
Utile base per azione (€)	0,20	0,20		
Numero medio dipendenti	1.590	1.614		
Free cash flow	64,0	30,9		
Acquisizioni di società o marchi	(1,2)	(128,9)		
Indebitamento netto	328,0	379,5		
Patrimonio netto del Gruppo e di terzi	843,4	797,8		
Attivo immobilizzato	986,8	990,3		

Fonte: www.borsaitaliana.it

Prova a fare le tue riflessioni sfogliando la relazione semestrale che puoi scaricare direttamente dal sito della Borsa, sarei veramente orgoglioso di poter ricevere il frutto delle tue analisi e condividerlo con te.

Invia il tutto a docente@bilancio-semplice.it

Per me sarebbe fonte di una grande soddisfazione essere riuscito a guidarti nella lettura e nell'interpretazione dei dati fondamentali.

SEGRETO n. 5: Focalizza l'attenzione sul free cash flow della Campari!

RIEPILOGO DEL GIORNO 7:

• SEGRETO n. 1: Con il free cash flow la maggior parte degli investitori individua le aziende su cui investire in Borsa.

• SEGRETO n. 2: In fase di nascita e crescita del ciclo di vita di un'impresa il fabbisogno finanziario è elevato.

• SEGRETO n. 3: Nella fase di maturità si genera il massimo del cash flow dell'azienda. L'impresa diventa, come dicono gli americani, una cash-cow, cioè una *mucca da cui mungere flussi di cassa*.

• SEGRETO n. 4: Anche in fase di declino vengono generate risorse finanziarie.

• SEGRETO n. 5: Focalizza l'attenzione sul free cash flow della Campari!

CONCLUSIONE

Spero che tutto questo lavoro abbia soddisfatto la tua voglia di esplorare la materia affascinante e piena di insidie dell'analisi di bilancio. Non ho la pretesa di aver esaurito tutte le questioni, di aver trattato tutto l'argomento; il mio auspicio è quello di avere suscitato la tua sana curiosità, che, unita all'impegno che avrai senz'altro profuso nello studio e negli approfondimenti, ti aiuterà a guardare con occhi più consapevoli qualsiasi informazione sui bilanci aziendali.

Con la pratica e con l'esame di decine di bilanci riuscirai a condurre meglio di prima una chiacchierata con il tuo commercialista o con il tuo datore di lavoro, su aspetti che prima ignoravi del tutto.

Il vantaggio che assicura un'opera come questa, distribuita volutamente solo in formato elettronico, è che puoi tenerla sempre a portata di mano sul tuo portatile, un accessorio che ormai è sempre insieme a noi, ovunque siamo e qualsiasi attività svolgiamo.

Non solo, ma poiché il nostro portatile è corredato di una sua buona connessione Internet, allora sarà più facile e immediato contattare l'autore (martemucci@bilancio-semplice.it) per un chiarimento, una chiacchierata o un semplice confronto.

Le nuove frontiere dell'apprendimento e del miglioramento personale si giocano proprio sul graduale passaggio dai volumi cartacei agli ebook, di cui possiamo disporre sempre e dovunque e che facilitano, anzi pretendono, un dialogo continuo e immediato tra autore e lettori.

Non esitare a contattarmi e spero che questo mio lavoro possa contribuire a migliorare la tua vita!

I 35 SEGRETI DELL'ANALISI DI BILANCIO:

- SEGRETO n. 1: L'esigenza di fare un bilancio nasce dal bisogno di capire se l'azienda guadagna o perde nel corso della sua vita e a quanto ammonta la sua ricchezza.

- SEGRETO n. 2: La differenza tra aspetto economico e aspetto finanziario è molto rilevante per comprendere fino in fondo quanto è solida e autonoma un'azienda. È importante guadagnare, ma è fondamentale incassare (quindi avere denaro in cassa).

- **SEGRETO n. 3:** Tre sono i quesiti a cui rispondere quando si avvia una nuova impresa:
    1. quali investimenti dovremo fare per iniziare;
    2. come finanzieremo questa attività;
    3. quanto guadagneremo dall'attività.

- SEGRETO n. 4: Gli amministratori sono obbligati dalla legge a fare il bilancio che si compone di tre documenti: stato patrimoniale, conto economico e nota integrativa (art. 2423 c.c.).

- SEGRETO n. 5: Esiste un interesse pubblico da tutelare nel fare il bilancio. Vi sono tanti soggetti che hanno rapporti con l'impresa che hanno necessità di leggere e interpretare il bilancio.

- SEGRETO n. 6: Lo stato patrimoniale può essere paragonato a una fotografia, mentre il conto economico a un filmato.

- SEGRETO n. 7: Controlla sempre chi è il vero padrone dell'impresa che stai esaminando; ricorda che non è sempre il titolare!

- SEGRETO n. 8: I crediti verso i clienti rappresentano una forma di investimento di cui spesso non si tiene debitamente conto. Anche se è diversa rispetto al tirare fuori i soldi per acquistare un macchinario, finanziariamente ha lo stesso effetto sulle casse dell'impresa.

- SEGRETO n. 9: Come spalmare un costo consistente in più anni d'esercizio? Ricorrendo al concetto di ammortamento di un bene di investimento.

- SEGRETO n. 10: Attenzione agli oneri finanziari (cioè agli interessi che l'impresa paga alla propria banca): quando aumentano, anno dopo anno, rappresentano sempre un segnale su cui fare le dovute riflessioni.

- SEGRETO n. 11: Le banche riescono a fare delle analisi esterne molto affidabili.

- SEGRETO n. 12: Sforzati sempre di dare un giudizio autonomo sulle imprese esaminate.

- SEGRETO n. 13: L'analisi di bilancio è utile per formulare opportune terapie aziendali.

- SEGRETO n. 14: È fondamentale predisporre un'analisi di bilancio prospettica. Prevedere il futuro andamento aziendale è un esercizio teorico di grande utilità.

- SEGRETO n. 15: Non esistono livelli ottimali per gli indici di bilancio, ma solo indicazioni di massima.

- SEGRETO n. 16: Le tre fasi dell'analisi sono: riclassificazione, costruzione degli indici, lettura e interpretazione.

- SEGRETO n. 17: **La** riclassificazione del conto economico consente di individuare il grado di contribuzione delle singole aree gestionali alla generazione o alla distruzione di reddito.

- SEGRETO n. 18: EBITDA (MOL) ed EBIT (risultato

operativo) sono i due indicatori che troverai sempre nelle analisi di bilancio, in tutti i quotidiani finanziari e in tutti i report di investimenti in Borsa.

- SEGRETO n. 19: Quando si avvia un business si parte dall'attivo e poi si passa al passivo.

- SEGRETO n. 20: **La** riclassificazione dello stato patrimoniale secondo il criterio di liquidità ed esigibilità permette di analizzare la composizione del capitale investito (in sostanza da chi abbiamo preso i soldi e come li abbiamo investiti in azienda).

- SEGRETO n. 21: Il ROE, molto apprezzato nella teoria economica, nella pratica non è un indice molto attendibile.

- SEGRETO n. 22: Il re di tutti gli indici è il ROI, che illustra quanto è brava un'impresa a fare bene il proprio mestiere.

- SEGRETO n. 23: L'incidenza degli oneri finanziari sul MOL ci svela con certezza quanto è critica la situazione di indebitamento di un'impresa. È un criterio usato anche dagli ispettori della Banca d'Italia!

- SEGRETO n. 24: Il leverage (detto anche leva finanziaria)

indica il grado di rischio finanziario.

- SEGRETO n. 25: Gli indici di liquidità corrente e immediata non sbagliano mai. Le grandi imprese mirano, anno dopo anno, a migliorare la propria posizione finanziaria netta.

- SEGRETO n. 26: La grandezza finanziaria è la differenza tra aspetto finanziario e aspetto monetario.

- SEGRETO n. 27: L'analisi finanziaria ha un ruolo centrale rispetto alle altre valutazioni di bilancio.

- SEGRETO n. 28: Non cercare di costruire dei rendiconti finanziari, perché è un compito molto arduo e difficile anche per i più esperti: li troverai già realizzati. È molto importante capirli, non costruirli!

- SEGRETO n. 29: Impara a memoria soltanto queste due semplici nozioni: *Fonti di fondi* = aumento di passività o riduzione di attività; *Impieghi di fondi* = aumento di attività o riduzione di passività.

- SEGRETO n. 30: Il flusso di cassa netto da attività operative è il re dei flussi di cassa, fornisce le più importanti indicazioni sulle prospettive finanziarie dell'impresa.

- SEGRETO n. 31: Con il free cash flow la maggior parte degli investitori individua le aziende su cui investire in Borsa.

- SEGRETO n. 32: In fase di nascita e crescita del ciclo di vita di un'impresa il fabbisogno finanziario è elevato.

- SEGRETO n. 33: Nella fase di maturità si genera il massimo del cash flow dell'azienda. L'impresa diventa, come dicono gli americani, una cash-cow, cioè una *mucca da cui mungere flussi di cassa*.

- SEGRETO n. 34: Anche in fase di declino vengono generate risorse finanziarie.

- SEGRETO n. 35: Focalizza l'attenzione sul free cash flow della Campari!

Bibliografia essenziale

- Damodaran, A. *Finanza aziendale*, Apogeo 2006

- Caselli, S. - Gatti, S. *Corporate lending*, Bancaria Editrice 2003

- Pescaglini, A. *La professione del commercialista*, Maggioli 1992

- Paganelli, O. *Analisi di bilancio. Indici e flussi*, UTET 1991

- De Laurentis, G. *Il rischio di credito*, Egea 1994

- Frizzera, B. *Guida pratica fiscale*, Il Sole 24 ore 2006

- Modigliani, F. - Miller, M., *The cost of capital, corporation finance and the theory of investment*, «The American Economic Review» 1958

- Dallocchio, M. *Finanza d'azienda*, Egea 1995

Bookmarks

www.borsaitaliana.it Il sito ufficiale della **Borsa valori di Milano** con tutti i bilanci annuali e report semestrali di tutte le società quotate.

http://pages.stern.nyu.edu/~adamodar/ Home page del professore **Aswath Damodaran** che è uno dei massimi esperti mondiali sulla valutazione finanziaria.

www.finanzaworld.it Portale del professore **Francesco Carlà** esperto di borsa e finanza, divulgatore eccellente di temi di finanza aziendale.

www.evaluation.it Contiene i bilanci delle principali società italiane con una sezione in cui è possibile fare dei confronti tra aziende.

www.mbres.it È il sito di **Mediobanca**, la più grande banca d'affari italiana. Da un apposito link è possibile ricevere gratuitamente al proprio domicilio un volume con i bilanci delle più grandi società, banche e assicurazioni italiane.

www.bilancio-semplice.it Sito dell'autore dove è possibile lasciare messaggi, suggerimenti e consultare approfondimenti sulla materia.

www.ingramcontent.com/pod-product-compliance
Lightning Source LLC
LaVergne TN
LVHW020335200726
843507LV00012B/2371